AF357691

L'ART

DE CONDUIRE
ET DE RÉGLER
LES PENDULES
ET
LES MONTRES:

A l'ufage de ceux qui n'ont aucune connoiffance d'Horlogerie.

Par M. FERDINAND BERTHOUD, Horloger.

A PARIS,

Chez { L'AUTEUR, rue de Hatlay.
MICHEL LAMBERT, Libraire, à côté de la Comédie Françoife.

M. DCC. LIX.

Avec Approbation & Privilege du Roi.

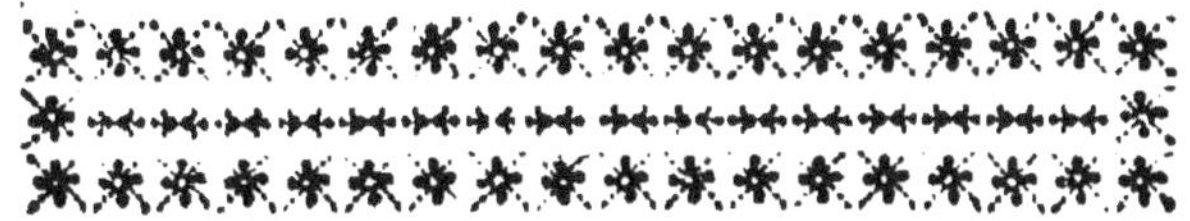

PLAN

DE CET OUVRAGE.

Oɴ ᴄʀᴏɪᴛ communément que,
dès que l'on a fait l'acquifition d'une
Montre, & qu'on l'a une fois mife à
l'heure, il ne s'agit plus que de la remonter chaque jour, devant dès-lors
marcher avec une juftefle conftante,
fans qu'il foit befoin d'y toucher. Il y
a même des Perfonnes qui prétendent
que ces machines doivent aller comme
le Soleil ; d'autres enfin qui croyent
que leurs Montres s'étant rencontrées
deux fois avec le Méridien, elles vont
en effet comme le Soleil. Mais les uns
& les autres, font bien éloignés de fen-
tir l'impoffibilité de ce qu'ils exigent ;
car, pour peu qu'ils connuffent cet
objet, ils verroient : 1°, Que les Montres ne peuvent marcher conftamment
juftes ;

a iij

2°, Que le mouvement du Soleil est variable, puisque cet Astre marche, tantôt d'un mouvement accéléré & tantôt d'un mouvement plus lent :

3°, Qu'en supposant qu'on parvînt à faire aller les Montres aussi bien que la meilleure Pendule à Secondes (ce qui est très-impossible) elles ne pourroient ni ne devroient suivre les écarts du Soleil.

J'ai donc cru qu'un ouvrage où l'on exposeroit le plus briévement possible, quelques-unes des causes qui s'opposent à la justesse des Montres (ce qu'on doit attendre de ces machines) la maniere de les conduire, &c. deviendroit utile au Public.

Il ne seroit pas moins utile aux Horlogers ; puisque les peines qu'ils se donnent pour faire de bonnes Montres, sont en pure perte, si ceux à qui ils les vendent, ne savent pas les conduire.

Ce sont ces considérations qui m'ont fait entreprendre cet Ouvrage. Pour parvenir à ce but, j'ai commencé par définir ce qu'on entend par *Tems vrai & Tems moyen*, termes fort en ufage ; le premier, pour défigner le tems qui eft mefuré par le Soleil ; le fecond par une bonne Pendule. J'ai donné la defcription d'une Pendule & d'une Montre ; & pour aider à mieux entendre ce que j'ai dit fur leur méchanifme, j'ai fait graver avec foin les principales pieces de ces machines.

J'AI fait voir que le mouvement du Soleil eft variable, & ne peut fervir à régler les Pendules & les Montres, que dans le cas où on fera abftraction de ces écarts ; & que ces machines ne peuvent fuivre naturellement que le Tems moyen , & que par conféquent, une Pendule ou une Montre, qui iroit comme le Soleil, varieroit. On fait cependant des Pendules qui marquent le *Tems moyen* & le *Tems vrai*, on les appelle Pendules à Équation ; elles ne marquent le Tems vrai que par artifice. Voyez *page* 22. On a fait auffi quelques Montres à Équation, mais la plupart fort compliquées & peu exactes.

J'ai rendu raifon de quelques caufes des variations des Montres ; de la maniere de juger de leur juftefle ; en quoi une Montre qui va jufte , differe de celle qui eft réglée , & de celle qui varie.

Comme il eft néceffaire que chaque perfonne fe donne la peine de conduire & régler fa Montre, j'ai expliqué chaque attention & opération à mettre en ufage.

Le paffage du Soleil par le Méridien, étant la mefure la plus naturelle du tems & la plus facile pour comparer & régler les Montres & Pendules, j'ai donné des méthodes aifées pour faire ufage des Tables des variations du Soleil, qu'on nomme Tables d'*Equations*.

J'ai expliqué comment il faut tracer des lignes Méridiennes, propres à régler les Pendules & les Montres.

On trouvera auffi quelques moyens propres à mettre en ufage pour acquérir de bonnes Montres & Pendules, & pour conferver ces Machines. Enfin, j'ai raffemblé dans un feul Article tous les foins qu'il faut prendre pour bien conduire & régler les Montres & les Pendules ; il fera utile à ceux qui voudront fe difpenfer de lire le refte de ce Livre.

JE n'ai rien négligé pour remplir l'objet que je me fuis propofé, en publiant ce petit Ouvrage, qui eft d'inftruire ceux qui n'ont aucune notion des Machines qui mefurent le tems, & de leur apprendre la maniere de les gouverner. Je n'ai pas voulu entrer ici dans de trop grands détails fur la partie fcientifique de l'Horlogerie, crainte de devenir trop long & trop abftrait, & de rebuter ceux qui voudront feulement s'amufer à prendre une idée de cet Art. J'ai traité les diverfes parties de l'Art de la mefure du Tems dans mon *Effai fur l'Horlogerie.*

TABLE
DES ARTICLES.

APPROBATION.

J'Ai lu par ordre de Monſeigneur le Chancelier un Manuſcrit intitulé, *l'Art de conduire & régler les Pendules & les Montres*, compoſé par M. Ferdinand Berthoud. Il m'a paru que cet Ouvrage ſeroit utile au Public, tant par ſon cbjet que par la maniere dont il eſt traité. A Paris, ce dix-neuf Juin, mil ſept cent cinquante-neuf.

BEZOUT.

PRIVILEGE DU ROI.

Louis par la Grace de Dieu, Roi de France & de Navarre, à nos amés & féaux Conſeillers les Gens tenant nos Cours de Parlement, Maîtres des Requêtes ordinaires de notre Hôtel, Grand-Conſeil, Prévôt de Paris, Baillifs, Sénéchaux, leurs Lieutenants Civils, & autres nos Juſticiers qu'il appartiendra : Salut. Notre amé le Sieur FERDINAND BERTHOUD, Nous a fait expofer qu'il defireroit faire imprimer & donner au Public un Ouvrage de fa compofition, qui a pour titre : *l'Art de conduire & de régler les Pendules & les Montres :* s'il Nous plaifoit lui accorder nos Lettres de Permiffion pour ce néceffaires : **A** ces caufes, voulant favorablement traiter l'Expofant, Nous lui avons permis & permettons par ces Préfentes, de faire imprimer fondit Ouvrage autant de fois que bon lui femblera, & de le faire vendre & débiter par tout notre Royaume, pendant le tems de trois années confécutives, à compter du jour de la date des Préfentes. Faifons défenfes à tous Imprimeurs, Libraires, & autres perfonnes de quelque qualité & condition qu'elles foient, d'en introduire d'impreffion étrangère dans aucun lieu de notre obéiffance ; à la charge que ces Préfentes feront enregiftrées tout au long fur le Regiftre de la Communauté des Imprimeurs & Libraires de Paris dans trois mois de la date d'icelles ; que l'impreffion dudit Ouvrage fera faite dans notre Royaume, & non ailleurs, en bon papier & beaux caractères; conformément à la feuille imprimée, attachée pour modele fous le contre-fçel des Préfentes; que l'Impétrant fe conformera en tout aux Réglements de la Librairie, & notamment à celui du 10 Avril 1725; qu'avant de l'expofer en vente, le Manufcrit qui aura fervi de copie à l'impreffion dudit Ouvrage fera remis dans le même état où l'Approbation y aura été donnée, ès mains de notre très-cher & féal Chevalier Chancelierde France, le Sieur de Lamoignon; & qu'il en fera enfuite remis deux Exemplaires dans notre Bibliotheque publique, un dans celle de notre Château du Louvre, un dans celle de notredit très-cher & féal Chevalier, Chancelier de France le Sieur de Lamoignon; le tout à peine de nullité des Préfentes. Du contenu defquelles vous mandons & enjoignons de faire jouir ledit Expofant & fes ayans caufe, pleinement & paifiblement, fans fouffrir qu'il leur foit fait aucun trouble ou empêchement. Voulons qu'à la copie des Préfentes, qui fera imprimée tout au long au commencement ou à la fin dudit Ouvrage, foi foit ajoutée comme à l'Original. Commandons au premier notre Huiffier ou Sergent fur ce requis, de faire pour l'exécution d'icelles tous actes requis & néceffaires, fans demander autre permiffion, & nonobftant clameur de Haro, Charte Normande, & Lettres à ce contraires : CAR tel eft notre plaifir. DONNÉ à Verfailles le vingt-quatrieme jour du mois d'Août, l'an de grace mil fept cent cinquante-neuf, & de notre Regne le quarante quatrieme. Par le Roi en fon Confeil.

Signé, LE BEGUE.

Regiftré fur le Regiftre quinze de la Chambre Royale & Syndicale des Libraires & Imprimeurs de Paris, N°. 3071, fol. 9, conformément au Réglement de 1723, qui fait défenfes, Article 41, à toutes perfonnes de quelques qualités & conditions qu'elles foient, autres que les Libraires & Imprimeurs, de vendre, débiter, &

faire afficher aucuns Livres pour les vendre en leurs noms, soit qu'ils s'en difent les Auteurs ou autrement, & à la charge de fournir à la fufdite Chambre neuf Exemplaires prefcrits par l'Article 108 du même Réglement. A Paris ce 4 Septembre 1759.

Signé G. SAUGRAIN,
Syndic.

AVIS AU RELIEUR.

Les quatre Planches des Figures, fe mettent à la fin du Volume.

De l'Imprimerie de H. L. Guerin,
& L. F. Delatour, 1759.

L'ART

L'ART DE CONDUIRE
ET RÉGLER
LES PENDULES
ET
LES MONTRES.

ARTICLE PREMIER.

De la division du Tems : Ce que c'est que le Tems vrai & le Tems moyen.

LE TEMS qui s'écoule depuis le passage du Soleil au *Méridien* (a), jusqu'à son retour au même méridien, est celui que les Astronomes appellent *Jour naturel* ou *Solaire.*

(a) On appelle *Méridien* un plan *ABCD*, (*Pl. IV, fig.* 3.) qui est tellement disposé que lorsque chaque jour le Soleil est parvenu au point de sa plus grande élévation ou hauteur au dessus de l'horizon, l'ombre de la plaque *E* du style *FE* est divisé en deux parties égales par la ligne *FM*. On appelle *Méridienne* la ligne *FM*; & *Midi* l'instant où l'ombre du style *E* est partagé par la Méridienne. La ligne du Midi d'un Cadran solaire a les mêmes propriétés que la Méridienne.

A

Le jour se divise en 24 parties égales qu'on appelle *Heures* : l'heure se divise en 60 parties appellées *Minutes* ; & la minute se divise en 60 parties, qu'on appelle *Secondes* : un jour contient donc 1440 minutes, l'heure 3600 secondes, & un jour contient 86400 secondes.

Tous les jours de l'année ne sont pas exactement de 24 heures ; car tantôt le Soleil emploie 24 heures & quelques secondes, depuis le midi d'un jour au midi suivant, & tantôt 24 heures moins quelques secondes depuis le midi d'un autre jour au midi suivant, &c. Le mouvement du Soleil est donc variable, ainsi qu'il est aisé de s'en convaincre. Car si on a une bonne Pendule à secondes dont le mouvement est uniforme, & qui soit tellement réglée, qu'après avoir été mise avec le Soleil un jour quelconque, elle marque autant de fois midi que le Soleil, & qu'au bout d'un an à pareil jour le midi de la Pendule se rencontre avec celui du Soleil, alors on verra que dans les autres jours de l'année la Pendule marquera midi, tantôt avant & tantôt après celui du Soleil : or puisque la Pendule est supposée se mouvoir d'un mouvement uniforme, il faut nécessairement que la différence des deux midi soit causée par la variation du Soleil. Si l'on a donc une Pendule telle que nous venons de le dire ; que le 23 Décembre on la mette 4 secondes en retard sur le Soleil, nous allons rapporter les différences qu'il y aura entre les deux midi pendant le cours de l'année.

Le 14 Décembre, le midi du Soleil retardera de 30 secondes sur le midi de la Pendule ; & cet écart ira toujours en augmentant jusqu'au 11 Février, jour auquel le midi du Soleil retardera de 14 minutes 44 secondes sur celui de la Pendule ; depuis le 11 Février, ce retard ira en diminuant jusqu'au 14 Avril, ce jour-là, le midi du Soleil & celui de la Pendule seront ensemble : le 15 Avril, le midi du Soleil avancera de 9 secondes, & il continuera ainsi à avancer jusqu'au 10 Mai, où il sera en avance de 3 minutes 59 secondes ; le midi du Soleil se rapprochera insensiblement de celui de la Pendule jusqu'au 15 Juin, les deux midi seront de nouveau ensemble ce jour. Le 16 Juin, le Soleil retardera de 8 secondes sur la Pendule, & continuera ainsi à retarder de plus en plus jusqu'au 25 Juillet que le midi du Soleil sera en retard de 5 minutes 56 secondes sur le midi de la Pendule ; ce retard ira en diminuant jusqu'au 31 Août, que le midi du Soleil & celui de la Pendule seront ensemble. Enfin, le premier Septembre le Soleil avancera de 27 secondes sur le midi de la Pendule, & continuera ainsi à avancer de plus en plus jusqu'au premier Novembre : il avancera ce jour de 16 minutes 9 secondes ; dès lors il avancera de moins en moins, de sorte que les deux midi seront de nouveau ensemble le 23 Décembre.

Les différences que l'on aura apperçu entre le midi de la Pendule & celui du Soleil, prouvent donc l'inégalité des jours & des heures qui font mefurées par le Soleil. C'eft par cette raifon que les Aftronomes ont été obligés d'imaginer des jours *fictifs* tous égaux entr'eux , & moyens proportionnels entre le plus long & le plus court des jours inégaux. Pour déterminer ces jours , ils ont pris le nombre d'heures, dont la révolution annuelle du Soleil eft compofée , & ils ont divifé le tems total de ces heures inégales en autant de parties qu'il y a d'heures , dont 24 font un jour ; de forte que les heures qu'ils ont trouvé par cette méthode font parfaitement égales entr'elles , & font tantôt plus longues & tantôt plus courtes que celles du Soleil : telles font les heures marquées par la Pendule fuppofée.

On appelle *Tems-moyen* celui qui eft ainfi réduit à l'égalité ; c'eft le même qui eft marqué par la Pendule comparée comme nous venons de le dire.

Le tems qui eft mefuré par le Méridien , c'eft-à-dire , par le midi du Soleil, eft celui qu'on appelle le *Tems-vrai* ; & l'on appelle *Équation du tems*, la différence que l'on aura vu chaque jour entre le midi du Soleil & celui de la Pendule ; c'eft-à-dire , que l'Équation eft la différence du tems vrai au tems moyen.

Les Aftronomes ont dreffé des tables qui marquent pour tous les jours de l'année la différence du midi du Soleil au midi de la Pendule , c'eft-à-dire , du tems vrai au tems moyen. C'eft d'après ces tables qu'on nomme

Tables d'Équations que j'ai dreſſé celles qu'en trouvera à la fin de cet Ouvrage.

Je ne m'arrêterai pas ici à expliquer les cauſes des variations du Soleil ; il ſuffit d'avoir fait connoître qu'il varie, & de donner des Tables de ces écarts. Ceux qui deſireront s'inſtruire de ces cauſes, peuvent conſulter les ouvrages qui traitent de l'Aſtronomie.

Au reſte, il eſt bon d'obſerver ici, que quoique le Soleil varie, on peut ſe ſervir des Méridiens & de la ligne de midi des Cadrans ſolaires pour régler les Pendules & les Montres ſur le tems moyen, ce qui devient facile, dès que l'on ſait combien le tems vrai varie chaque jour par rapport au tems moyen. C'eſt à cet uſage que ſont deſtinées les Tables d'Équations, ainſi que nous l'expliquerons Article XI. On peut ſe ſervir de ces Tables pendant 30 ou 40 ans, ſans erreur ſenſible.

ARTICLE II.

Explication du Méchaniſme d'une Pendule : comment elle meſure le tems.

Les Pendules & les Montres ſont des machines, tellement diſpoſées, que les roues à dents qui en font une patie eſſentielle ſont leurs révolutions d'un mouvement uniforme, & que les Aiguilles portées par les

A iij

axes (*a*) ou aiſſieux de ces roues, marquent les parties du tems ſur un cadran diviſé en parties égales. Nous allons expliquer, le plus ſimplement que nous pourrons, comment on diſpoſe ces machines pour meſurer le tems par leur moyen.

La premiere figure de la premiere Planche repréſente le profil d'une Pendule : *P* eſt un poids ſuſpendu par une corde qui s'enveloppe ſur le cylindre ou tambour *C*, fixé ſur l'axe *a a*, dont les parties *b*, *b*, qu'on nomme *Pivots*, entrent dans des trous faits aux *platines* *TS*, *TS*, dans leſquels ils tournent. (Ces platines ſont deux plaques de cuivre qui ſont aſſemblées par quatre piliers *Z Z* : cet aſſemblage s'appelle *cage*).

L'action du poids *P*, tend néceſſairement à faire tourner le cylindre *C*, enſorte que s'il n'étoit pas retenu, ſa viteſſe ſe feroit d'un mouvement accéléré ſemblable à celle qu'auroit le poids *P*, s'il tomboit librement ; mais ce cylindre porte une roue *R R* dentée à *rochet* ; le côté droit de ſes dents arboute contre une piece qu'on nomme *cliquet*, laquelle eſt attachée avec une vis aprés la roue *D D*, comme on le voit dans la *figure 2*, de ſorte que l'action du poids ſe communique à la roue *D D*. Les dents de cette roue entrent dans l'intervalle des dents qui ſont formées ſur la petite roue *d*, & tellement qu'elles l'obligent

à tourner fur fes pivots *c c*. (On appelle engrenage cette communication des dents d'une
roue avec une autre ; & on appelle *pignon*
une petite roue comme celle *d*. En général ,
un pignon eft d'acier , & formé fur l'axe
même).

La roue *EE* eft fixée fur l'axe du pignon *d* ;
ainfi le mouvement imprimé par le poids à la
roue *DD* , eft tranfmis au pignon *d* , & par
conféquent à la roue *E E* ; celle-ci engrenne
dans le pignon *e* , qui porte la roue *FF*,
laquelle engrene & communique fa force au
pignon *f*, fur l'axe duquel eft fixée la roue à
couronne *G H*, qu'on appelle roue de *rencontre* ; les pivots du pignon *f*, ne tournent
pas dans les trous faits aux platines mêmes ,
comme ceux des autres roues , mais ils tournent dans les trous faits aux pieces *L* , *M*, atta-
chées perpendiculairement à la platine *T D S*.
Enfin , le mouvement imprimé par le poids
eft tranfmis de la roue *G H* à la piece *I K* ,
qui communique elle-même fa force à la piece
A B , par le moyen de la branche *U X*. On
appelle *pendule* cette piece *AB*, dont le crochet
fitué en *A* , eft fufpendu au fil *A*. Le *Pendule*
AB , peut décrire autour du point *A* , des arcs
de cercle, allant & revenant alternativement
fur lui-même : fi donc on pouffe ce pendule
& qu'on l'écarte de fon point de repos , la
pefanteur de la *lentille B*, le fera revenir fur lui-
même , & il continuera ainfi à faire des allées
& venues , jufqu'à ce que la réfiftance de
l'air fur la lentille & la réfiftance du fil

ayent détruit la force qu'on avoit imprimée ; & qu'ainſi le pendule s'arrête ; mais comme il arrive qu'à chaque allée & venue du pendule, les dents de la roue de rencontre *GH*, agiſſent tellement ſur les *palettes* *I*, *K*, (*a*), qu'après qu'une dent *H* a imprimé ſa force à la palette *K*, celle-ci permet à la dent de s'échapper ; alors la dent *G*, diamétralement oppoſée, agit à ſon tour ſur la palette *I*, & s'échappe enſuite ; ainſi chaque dent de la roue s'échappe des palettes *I*, *K*, après leur avoir communiqué ſon mouvement, enſorte que le pendule, au lieu de s'arrêter, continue de ſe mouvoir, & les roues de tourner.

La roue *E E* fait une révolution par heure, le pivot *c* de cette roue paſſe à travers la platine, il eſt prolongé juſqu'en *r* ; ſur ce pivot, entre à force un canon qui porte la roue *NN* ; ce canon ſert à porter par ſon extrémité *r*, l'Aiguille des minutes ; la roue *N* engrene dans la roue *O*, qui porte un pignon *p*, lequel engrene dans la roue *qq*, fixée ſur un canon qui roule ſur celui de la roue *N*. La roue *q* fait un tour en 12 heures ; ſon canon ſert à porter l'Aiguille des heures.

Il ſuit 1°, de ce que nous venons de dire ci-deſſus, que le poids *P* fait tourner les roues & qu'il entretient le mouvement du pendule : 2°, Que la vîteſſe des roues eſt déterminée par celle du pendule : 3°, Que les roues

(*a*) Les pivots portés par l'axe des palettes rou- | lent dans les trous faits aux talons *s*, *t*.

servent à indiquer les parties du tems divisé par le pendule.

On appelle *Moteur*, le poids *P*, ou agent quelconque qui entretient le mouvement des roues & du pendule.

On appelle *Régulateur*, la lentille ou pendule *A B*, dont le mouvement regle la marche des roues.

On nomme *Vibration*, le mouvement que fait le pendule pour aller de droite à gauche, ou pour revenir de gauche à droite ; on voit ce pendule se mouvoir de la sorte, lorsque la Pendule est vue en face ; car la Pendule étant de profil comme dans la premiere figure, on voit le pendule se mouvoir dans un même plan, ainsi on n'apperçoit presque pas son mouvement.

On nomme *Rouage*, les roues & pignons qui tournent dans l'intérieur de la cage, & communiquent le mouvement au pendule.

On nomme *Echappement*, l'espece d'engrenage que font les dents de la roue *G H* avec les palettes *I K*.

On nomme *Roue d'échappement*, la roue *G H*, & *Piece d'échappement*, la piece *I K X U*.

Lorsque la corde qui suspend le poids *P* est entiérement développée de dessus le cylindre, on se sert d'une clef pour remonter ce poids ; cette clef entre sur le quarré *Q*, & en la tournant du côté opposé à la descente du poids, on enveloppe de nouveau la corde sur ce cylindre : pour cet effet, le côté incliné des dents du rochet *R figure* 2, écarte le cliquet mobile *C* , enforte que pendant tout le tems que l'on remonte le poids , le rochet *R* tourne féparément de la roue *D* ; mais auffi-tôt qu'on ceffe de fufpendre & d'élever le poids , celui-ci agit fur le rochet dont les cotés droits des dents arboutent de nouveau contre le bout du cliquet , ce qui oblige la roue *D* , de tourner avec le cylindre ; le reffort *A* fert à faire entrer le cliquet dans les dents du rochet.

Il nous refte maintenant à expliquer comment on détermine la roue *E* , dont l'axe porte l'Aiguille des minutes , à faire une révolution précifément en une heure , & comment on fait aller une Pendule plus ou moins de tems. Pour cela , il faut favoir que les vibrations d'un pendule , font d'autant plus lentes que le pendule eft plus long : enforte qu'un pendule qui a 3 pieds 8 lignes & demie de *A* en *B* , figure premiere , fait 3600 vibrations par heure , c'eft-à-dire , que chaque vibration eft d'une feconde , (on l'appelle pour cette raifon , *Pendule à fecondes*) , tandis qu'un pendule qui a 9 pouces 2 lignes & un quart , fait 7200 vibrations par heure , ou deux vibrations par fecondes : on donne le nom de *Pendule à demi-fecondes* à celui-ci.

On voit donc qu'il eft néceffaire , lorf-qu'on veut déterminer une roue , à faire une révolution en un tems donné , de confidérer le tems des vibrations du régulateur qui doit en régler la marche. Suppofant donc que le pendule *A B* , fait 7200 vibrations par heure , nous allons voir comment la roue E restera une heure à faire un tour, ce qui dépend du nombre de dents des roues & pignons. En donnant 30 dents à la roue de rencontre, elle fera un tour pendant que le pendule fera 60 vibrations, car à chaque tour de la roue une même dent agit une fois sur la palette I, ce qui fait faire deux vibrations au pendule. Ainsi la roue ayant 30 dents, elle fait faire 2 fois 30 vibrations, qui fait 60. Il faudra donc que cette roue fasse 120 tours par heure, puisque 60 vibrations, qu'elle fait faire à chaque tour, sont contenues 120 fois dans 7200 vibrations que le pendule fait en une heure. Maintenant pour déterminer le nombre des dents des roues E, F, & de leurs pignons e, f, il faut remarquer qu'une roue E, fait d'autant plus faire de tours à son pignon e, pendant qu'elle en fait un, que le nombre de dents du pignon est contenu un plus grand nombre de fois dans celui des dents de la roue ; car supposant que la roue E porte 72 dents & le pignon e, 6, le pignon e fera 12 tours, pendant que la roue en fera un, ce qui est évident, car chaque dent de la roue fait avancer une dent du pignon ; ainsi, lorsque le pignon a avancé de six dents, ce qui fait sa révolution, la roue E, n'a avancé que de six dents. Or, pour que la roue acheve sa révolution, il faut qu'elle avance encore de 66 dents, lesquelles feront avancer 11 fois 6 dents du pignon, c'est à-dire, qu'elles lui feront faire 11 tours, qui joints à un qu'il a fait, donne 12 révolutions du pignon pour une de la roue : par les mêmes raisons, la roue F ayant 60 dents & le pignon f six, elle fera faire 10 tours à ce pignon ; or la roue F, portée par le pignon e, fait 12 tours pour un de la roue E ; & le pignon f fait donc 10 tours pour un de la roue F : le pignon f fait donc 12 fois 10 tours pour un de la roue E, ce qui donne 120 ; mais la roue G, qui est portée par le pignon f, fait faire 60 vibrations au pendule à chaque tour qu'elle fait ; cette roue G, fait donc faire 60 fois 120 vibrations au pendule, tandis que la roue E fait une révolution, ce qui fait 7200, qui est le nombre de vibrations que fait le pendule en une heure, la roue E reste donc une heure à faire une révolution : on raisonnera de même pour tous les autres cas.

La roue E, faisant une révolution en une heure, on trouvera facilement combien une telle machine pourra marcher sans remonter ; car si la roue D a 80 dents, & que le pignon d en ait 10, la roue D fera un tour pendant que le pignon en fera 8 ; ainsi cette roue D restera 8 heures à faire une révolution ; si donc la corde fait trois tours sur le cylindre C, le poids P restera 24 heures à descendre ; si elle est enveloppée de six tours, le poids restera deux jours & ainsi de suite. Mais si on suppose que la roue D a 96 dents, & que le pignon d en a 8, alors cette roue restera 12 heures à faire un tour, ainsi la corde étant enveloppée 16 fois sur le cylindre, la Pendule

ira 8 jours ; enfin , si on ajoutoit une roue
& un pignon au rouage de la Pendule , &
que la roue *D* , au lieu d'engrener dans le
pignon *d* , engrenât dans ce pignon *ajouté* ,
& que la roue portée par ce pignon engrenât
dans le pignon *d* , alors on auroit une Pendule qui iroit beaucoup plus de tems qu'elle
ne faisoit auparavant ; car la roue *ajoutée*
ayant, je suppose , 96 dents , & le pignon *d*
8, cette roue resteroit 12 heures à faire un
tour ; & le pignon ajouté ayant 8 dents , &
la roue *D* 80, ce pignon fera 10 tours pour
un de la roue *D* : or la roue ajoutée qui porte
ce pignon , fait un tour en 12 heures. La
roue *D* , restera donc 10 fois 12 heures à
faire une révolution , c'est-à dire , 120 heures , qui font 5 jours ; la corde étant enveloppée de 7 tours sur le cylindre, la Pendule
ira 35 jours sans remonter.

Il suit de-là , que l'on augmente le tems
de la marche d'une machine , 1°, en augmentant les dents des roues ; 2°, en diminuant le nombre de dents des pignons ; 3°,
en multipliant les tours de la corde ; enfin ,
en ajoutant des roues & des pignons : mais
il faut observer aussi , qu'à mesure que l'on
augmente le tems de la marche d'une machine , le poids ou moteur restant le même ,
la force qu'il communique à la derniere roue
G H diminue à proportion.

Il nous reste à parler du nombre des dents
des roues qui portent les Aiguilles.

La roue *E* fait un tour par heure ; la roue

NN, qui eſt portée par l'axe de la roue E, fait donc auſſi un tour dans ce même tems. Le canon de cette roue porte, comme nous l'avons dit, l'Aiguille des minutes. La roue N a 30 dents, elle engrene dans la roue O, qui a auſſi 30 dents, & le même diametre ; cette roue O, reſte donc une heure à faire un tour ; elle porte le pignon p qui a ſix dents ; il engrene dans la roue qq qui a 72 dents ; le pignon p fait donc 12 tours, pendant que cette roue qq en fait un ; celle-ci reſte donc 12 heures à faire un tour : c'eſt le canon de cette roue qui porte l'Aiguille des heures.

On doit obſerver, que ce que nous venons de dire ſur les révolutions des roues & le tems de la marche d'une Pendule, eſt également applicable aux Montres.

ARTICLE III.

Explication du Méchaniſme de la Montre.

LES MONTRES ſont compoſées ainſi que les Pendules, de roues & de pignons, d'un régulateur qui détermine la vîteſſe des révolutions des roues, & d'un moteur qui donne le mouvement à la machine ; mais le *Régulateur* & le *Moteur* d'une Montre, ſont bien éloignés d'approcher de la bonté du

Régulateur & du Moteur d'une Pendule : les
Montres font des machines portatives , auxquelles on ne peut pas appliquer un pendule :
ce *Régulateur* ne peut s'employer qu'à des
machines qui font toujours en repos. Le
poids qui eſt le Moteur des bonnes Pendules ,
n'eſt pas plus applicable aux Montres que le
pendule ; on eſt donc obligé de ſubſtituer en
place du pendule un *Balancier* , (*Planche III ,*
figure 5) , lequel regle la marche de la Montre.
Et pour donner le mouvement aux roues &
au Balancier , on ſe ſert du reſſort (*Planche*
II , figure 4) , qui eſt le moteur de la Montre.

Les roues des Montres tournent dans une
cage formée par deux platines & quatre piliers , comme dans les Pendules : la premiere
figure de la ſeconde Planche , repréſente l'intérieur de la Montre , lorſqu'on a ôté la platine , *figure* 3. *A* eſt le tambour ou *barillet* ,
dans lequel eſt enfermé un reſſort ſpiral ,
comme celui de la quatrieme figure. Sur le
tambour eſt enveloppé une chaîne , dont un
bout tient au barillet , & l'autre à la piece
conique *B* , que l'on nomme la *fuſée*.

Lorſqu'on remonte la Montre , la chaîne
qui étoit ſur le barillet , s'enveloppe ſur la
fuſée , & l'on tend par ce moyen le reſſort ;
car le bout intérieur du reſſort eſt retenu par
un crochet porté par l'axe , autour duquel le
barillet tourne ; or cet axe eſt immobile. Le
bout extérieur du reſſort s'arrête à un crochet
fixé à la circonférence intérieure du barillet ;
celui-ci peut tourner autour de ſon axe : on

conçoit donc comment le ressort se tend , &
comment son élasticité oblige le barillet à
tourner , & par conséquent la chaîne qui est
sur la fusée , à se développer & à faire tourner
par ce moyen la fusée ; celle-ci entraine avec
elle la roue *CC* , laquelle engrene dans le
pignon *c* , & lui communique l'action du
ressort ; ce pignon *c* porte la roue *D* , laquelle
engrene dans le pignon *d* , qui porte la roue
E , qui engrene dans le pignon *e*. Celui-ci
porte la roue *F* , laquelle engrene dans le
pignon *f* , (*figure 3*) , porté par les pieces
A , *B* , qui tiennent à la platine. Cette platine,
(dont on ne voit qu'une partie) s'applique
sur celle de la premiere figure ; ensorte que
les pivots des roues entrent dans les trous faits
à la platine , (*figure 3*) : ainsi les roues se communiquent le mouvement imprimé par le
ressort ; & le pignon *f* , engrenant pour
lors dans la roue *F* , celle-ci l'oblige de tourner ; ce pignon porte la roue à couronne *GG*,
fig. 2 & 3 , qui est la roue d'échappement :
cette roue agit sur les palettes , *fig.* 2 & 3.
l'axe des palettes porte le balancier *HH fig.*
2 ; le pivot 1 de la verge de balancier entre
dans le trou *c* , fait à la piece *A* , *fig.* 3. On
voit dans cette figure les palettes ; mais le
balancier est de l'autre côté de la platine ,
comme on le voit dans la *fig.* 2 de la *Planche*
III. Le pivot 3 du balancier entre dans le
trou du coq , *BC* , (*fig.* 1) ; vu en perspective (*fig.* 6) : ainsi le Balancier tourne entre
le coq & le talon *c* , (*Planche II* , *fig.* 3) .

comme

comme dans une espece de cage. L'action de
la roue d'échappement sur les palettes 1 , 2 ,
fig. 2 , se fait de la même maniere que nous
l'avons fait observer par rapport à la roue
d'échappement de la Pendule ; c'est-à-dire ,
que dans la Montre, la roue d'échappement
oblige le balancier d'aller & de revenir sur
lui -même , & de faire des vibrations. A
chaque vibration du balancier une palette
laisse échapper une dent de la roue de rencontre , de sorte que la vîtesse du mouvement
des roues est déterminée par la vîtesse des vibrations du balancier , & que ces vibrations
du balancier , & ce mouvement des roues
sont produits par l'action du ressort ou moteur : or comme le balancier n'a pas de puis-
sance qui détermine bien exactement la vîtesse de son mouvement , & qu'elle dépend
sur-tout de la force du moteur, il suit de-là
que le moteur étant un ressort , il en résulte
des inégalités comme nous le ferons voir ,
Article V.

La vîtesse des vibrations du balancier ne
dépend pas seulement de la force du grand
ressort, elle est sur-tout déterminée par le ressort *a b c d*, (*Planche III*, *fig.* 2 , situé sous
le balancier *H*, & vu en perspective , *fig.* 5,
on l'appelle *Spiral.* La propriété du spiral
est de ramener le balancier sur lui-même, de
quel côté qu'on le fasse tourner, c'est-à-dire ,
que l'élasticité ou *ressort* du spiral fait faire
des vibrations au balancier (lors même que
la roue de rencontre n'agit pas sur lui) de

B

même que la pesanteur de la lentille sert à produire les vibrations du pendule. Voici comment cela se fait : le bout extérieur du spiral est attaché au piton *a*, *fig.* 5 ; ce piton s'adapte après la platine en *a*, *fig.* 2, ainsi ce bout du spiral est comme fixé avec la platine ; le bout intérieur du spiral est fixé par une cheville au centre du balancier : si donc on fait tourner le balancier sur lui-même, la platine restant immobile, alors le reflort se tendra, & d'autant plus, qu'on fera parcourir un grand arc au balancier. Or, si après avoir ainsi tendu le spiral on abandonne le balancier à lui-même, alors l'élasticité du spiral ramenera le balancier, & par une propriété du reflort il fera aller & revenir le balancier alternativement sur lui-même, en lui faisant faire un allez grand nombre de vibrations.

La *fig.* 5 de la seconde Planche représente toutes les roues de la Montre dont nous avons parlé ; elles sont arrangées de maniere que l'on peut voir d un coup d'œil, comment le mouvement est communiqué depuis le barillet jusqu'au balancier.

On voit (*fig.* 6 & 7 , les roues qui sont situées sous le cadran, lesquelles servent à conduire & porter les aiguilles. Le pignon *a* est formé sur un canon ajusté à force sur le pivot prolongé de la roue *D*, *fig.* 1 & 5. Cette roue fait un tour par heure, le bout du canon du pignon *a* est quarré, l'aiguille des minutes entre sur ce quarré, le pignon *a* *fig.* 6, engrene dans la roue *b*, laquelle porte un pignon *c*, qui engrene dans la roue *d*, *fig.* 7 : cette roue est fixée sur un canon dont le trou entre sur celui du pignon *a*, sur lequel elle tourne librement ; cette roue *d* fait un tour en 12 heures, son canon porte l'aiguille des heures.

Il me reste à expliquer ici l'effet de la fusée. Pour en sentir l'utilité, il faut savoir que la force d'un ressort augmente à mesure qu'on le tend davantage, ensorte que si le ressort, *fig.* 4, étoit enfermé dans le tambour *A*, *fig.* 5, & agissoit immédiatement sur les roues, celles-ci agiroient sur le régulateur avec plus ou moins de force selon les inégalités du moteur, & qu'ainsi ce régulateur iroit plus vîte ou plus lentement, selon que ces impressions seroient plus ou moins inégales ; or l'application que l'on a faite de la fusée *B*, *fig.* 5, corrige parfaitement ces inégalités du ressort ; car lorsque le ressort est à son premier tour de bande, & que par conséquent sa force est la moindre, la chaîne agit en *o* sur le point le plus distant du centre de la fusée ; ainsi, par la propriété du levier, le ressort agit avec avantage sur la roue *C* ; & lorsque le ressort est monté au haut, alors la chaîne agit en *p* sur la plus petite partie ou petit levier de la fusée, ce qui diminue l'action du ressort ; ensorte, que dans l'un ou l'autre cas, l'action du ressort agit également sur la roue *C*, & par conséquent sur le rouage.

※

ARTICLE IV.

*Des causes de la justesse des Pendules :
du tems qu'elles mesurent : du degré
de justesse des Pendules.*

CE QUE nous venons de dire dans les deux Articles précédens, sur le méchanisme d'une Pendule & d'une Montre, est suffisant pour donner une idée de la maniere dont ces machines mesurent le tems ; mais il est à propos de faire remarquer ici la cause de la justesse des Pendules, & à peu-près le degré qu'on en peut attendre.

Si on écarte le pendule *A B* (*Planche I*, *fig.* 1) de la verticale, la lentille *B* redescendra par sa pesanteur ; & par la vîtesse qu'elle aura acquise, elle remontera du côté opposé à la même hauteur dont on l'a laissée descendre ; ensuite elle retombera par sa pesanteur, & continuera ainsi ses vibrations par le seul effet de la pesanteur sur la lentille.

Or comme l'action de la pesanteur est toujours la même, il suit de-là que ce pendule fera ses vibrations de la même durée, s'il les fait de la même étendue. Cela bien entendu, on concevra aisément pourquoi une Pendule doit aller avec une grande justesse ; car le pendule *A B* (*Planche I*), étant ainsi mis

en mouvement, l'effet du moteur & du rouage
est, comme nous l'avons dit, de restituer au
pendule la force qu'il perd à chaque vibration ; or le poids P, agissant toujours avec la
même force sur le rouage, l'action transmise
au pendule est donc toujours la même ; le
pendule fait donc des vibrations qui ont toujours la même étendue ; elles ont donc dans ce
cas toujours la même durée ; les roues & par
conséquent les aiguilles doivent donc tourner
d'un mouvement uniforme ; ainsi le tems
qu'elles indiqueront est égal & parfaitement
semblable au tems moyen, dont nous avons
parlé ; d'où nous pouvons conclure que les
Pendules ne peuvent diviser & marquer naturellement que le tems égal ou moyen, &
que toutes les fois que l'on voudra régler une
Pendule par le Méridien, il faudra premiérement connoître les écarts du Soleil, & les
souftraire enfuite pour avoir le tems moyen,
& juger par-là si la Pendule va bien. Nous
pourrions faire voir par un raisonnement à
peu-près semblable, que les Montres ne peuvent aussi marcher que d'un mouvement uniforme ; mais ce que nous venons de dire
suffit. On doit donc être persuadé que la
Pendule ou la Montre la plus parfaite qu'on
puisse concevoir, est celle qui va d'un mouvement égal, bien éloignée de suivre les variations du Soleil ; car s'il arrive que ces machines varient, c'est fans aucune loi conftante, cela dépendant du chaud, du froid, &c.
comme nous le verrons, Article cinquieme.

On peut bien par un méchanisme particulier faire suivre les écarts du Soleil aux Pendules & aux Montres, ce qui se fait dans les pieces que l'on appelle *Pendules à Équation*, ou *Montres à Équation;* mais dans ce cas, elles sont tellement disposées, que pendant que les Aiguilles & l'interieur de la machine marchent d'un mouvement uniforme, une deuxiéme Aiguille des minutes suit les variations du Soleil. Pour donner le mouvement inegal à l'Aiguille du tems vrai, on a imaginé une piece en forme d'ovale, qu'on appelle *Ellipse* ou *Courbe*, laquelle fait avancer & rétrograder l'Aiguille du tems vrai, pendant que l'autre tourne d'une égale vîtesse.

On est parvenu à donner un très-grand degré de perfection aux Pendules : pour cet effet on fait des lentilles pesantes, & qui décrivent de petits arcs, & l'on a diminué à proportion l'action de la force motrice, enforte, que lors même que la force motrice est un ressort, comme celui (*Planche II fig.* 4), les inégalités qui en sont inséparables, comme nous l'avons fait voir, ne changent cependant pas sensiblement la justesse de la Pendule ; enforte qu'une Pendule à ressort ordinaire peut assez bien aller pour ne faire qu'une minute d'écart en quinze jours.

L'expérience nous a appris que la chaleur allonge tous les corps, que le froid les raccourcit, & que par conséquent les verges de pendules devenant plus longues, cela faisoit retarder les Pendules, & qu'étant plus courtes,

cela les faisoit avancer; on a imaginé différents
moyens pour corriger ces effets, & l'on a
assez bien réussi par ces différentes applica-
tions, pour pouvoir faire une Pendule à secondes qui ne fasse qu'une minute d'écart par an.

ARTICLE V.

Des causes de variations des Montres :
du degré de justesse qu'on peut
attendre de ces machines.

LA JUSTESSE d'une Montre dépend
de la constante égalité des battements du ba-
lancier.

1°, Les vibrations du Balancier se font
plus vîte ou plus lentement, selon que la
force qui lui est communiquée par les roues
est plus ou moins grande ; donc la Montre
avance ou retarde selon l'inégalité de cette
force.

2°, La vîtesse du Balancier est déterminée
par le plus ou moins de force du spiral. Voyez
Article IX. Or le spiral est plus ou moins
élastique, selon qu'il fait chaud ou froid ;
la vîtesse de son mouvement change donc
selon les impressions qu'il reçoit de l'air.

3°, La force qui entretient le mouvement
de la Montre est un ressort dont l'action n'est
pas constante, elle diminue à la longue ; la

force du reffort change auffi felon qu'il fait chaud ou froid : ces inégalités changent donc la juftefle de la Montre.

4°, Le mouvement des roues, en tournant fur leurs pivots, en agiffant les unes fur les autres, produit une réfiftance qu'on appelle *frottement*. Or cette réfiftance devient plus grande, à mefure que le poli des pivots fe détruit, & que l'huile qu'on met dans les trous pour adoucir le frottement s'épaiffit ; la force communiquée au Balancier n'étant plus la même, la juftefle de la Montre doit donc changer.

5°, Le Balancier d'une Montre eft fufceptible de plus ou moins de vîteffe, felon qu'il éprouve une plus ou moins grande réfiftance de l'air. Mais les écarts produits par cette caufe font fi petits, que l'on peut en quelque forte les regarder comme nuls.

6°, Enfin, les différents mouvements, chocs, pofitions, &c, auxquels une Montre eft expofée, tendent encore à déranger fa juftefle.

En examinant ainfi féparément chacune des caufes qui tendent à déranger les Montres, on fera étonné de la juftefle qu'on eft parvenu à donner à ces machines ; cette juftefle eft telle, qu'une Montre bien compofée & exécutée, ne fait volontiers qu'une demi-minute d'écart par jour, on peut même porter cette précifion plus loin. Quant à la juftefle qu'il faut attendre des Montres *ordinaires* ou *communes*, on ne devra pas fe plaindre

toutes

toutes les fois qu'elles ne feront qu'une minute d'écart par jour.

On peut juger par-là de la grande différence de juſteſſe d'une Montre & d'une Pendule ; car tandis qu'une Montre fait une
minute d'écart par jour, une Pendule à reſſort
une minute en 15 jours, une bonne Pendule
à ſecondes ne fera qu'une minute en un an :
une Montre ordinaire fait donc autant d'écart
par jour qu'une bonne Pendule en un an.

R E M A R Q U E.

On ſait que quantité de gens diſent que
leurs Montres ne font qu'une minute d'*écart*
en 15 jours. Or ſi cela arrive effectivement,
c'eſt plus l'effet du hazard que de la combinai-
ſon de ceux qui les ont faites ; car ces Montres
merveilleuſes ſont preſque toujours ou de très-
vieilles machines, ou ſont faites par de mauvais Horlogers, qui ſeroient très-embarraſſés
de dire pourquoi telle Montre *va bien*, & d'en
faire d'autres qui aillent de même. Je me défie
d'ailleurs de ce que diſent ces gens à miracles,
leſquels comparent leurs Montres avec le
Soleil, & qui, pour l'avoir vue d'accord en
quinze jours, croyent bonnement que cela
prouve en faveur de la Montre, ne faiſant
pas attention que dans l'intervalle de ce tems,
la Montre a pu varier d'un quart-d'heure plus
ou moins, & ſe retrouver enſuite avec le
Soleil.

✻

C

ARTICLE VI.

Différence d'une Montre qui n'est pas réglée à celle qui varie : en quoi l'une & l'autre different de celle qui est réglée.

LORSQU'UNE Montre n'est pas réglée, on ne manque pas de dire, *qu'elle varie*, & conséquemment qu'elle ne vaut rien. Il y a cependant une grande différence entre une Montre qui varie, & une Montre qui n'est pas réglée ; car une Montre peut être très-bonne, marcher d'un mouvement uniforme, & n'être cependant pas réglée sur le tems moyen : telle seroit, par exemple, une Montre qui étant mise un jour quelconque avec une *bonne Pendule*, avanceroit (ou retarderoit) constamment de 2 minutes en un jour, de 4 en deux jours, de 24 minutes en 12 jours, & ainsi de suite, toujours du même sens & en proportion du tems ; dans ce cas, on devra dire, que cette Montre va d'un mouvement égal, mais qu'elle n'est pas réglée sur le tems moyen ; on ne pourra pas dire qu'elle varie. Il est très-facile de régler une telle Montre ; il ne faut que toucher à l'aiguille de rosette, comme nous l'expliquerons Article IX.

Une Montre qui eſt tantôt en avance & tantôt en retard ſur une bonne Pendule *eſt une Montre qui varie.* Lorſque ces écarts ſont de pluſieurs minutes en 24 heures , il faut la donner à un habile Horloger pour la corriger ; car il eſt inutile de toucher à l'aiguille de roſette , le vice étant dans l'intérieur de la machine.

Enfin, une Montre eſt réglée lorſque non-ſeulement elle marche d'un mouvement uniforme, mais lorſque de plus elle ſuit le tems moyen.

ARTICLE VII.

Comment on peut vérifier la juſteſſe d'une Montre.

Pour parvenir à connoître le degré de juſteſſe d'une Montre , il faut la mettre à l'heure d'une bonne Pendule , & la laiſſer marcher 24 heures dans une même ſituation, comme par exemple, ſuſpendue par ſon cordon ; noter de 6 en 6 heures, ou de 5 en 5 plus ou moins les écarts qu'elle fera ſur la Pendule : or ſi elle retarde ou avance ; (ce qui eſt égal, pourvu que ce ſoit toujours de l'un ou l'autre ſens d'une minute, je ſuppoſe, dans les ſix premieres heures ; d'une autre minute dans les ſix heures ſuivantes , &

ainſi de ſuite, de maniere qu'en 24 heures elle ait retardé ou avancé de 4 minutes; ce ſera dans ce cas une preuve que le grand reſſort agit uniformément ſur le rouage, & celui-ci ſur le balancier. On continuera ainſi pendant quelques jours à l'examiner dans la même ſituation, pour voir ſi elle avance ou retarde conſtamment de la même quantité dans le meme tems.

On portera enſuite ſa Montre dans le gouſſet pendant 10 ou 12 heures plus ou moins : or ſi elle fait le même écart que lorſqu'elle étoit ſuſpendue & dans le même ſens, à proportion du tems; c'eſt-à-dire, ſi en 6 heures elle retarde d'une minute, c'eſt une marque certaine que le mouvement *du porté* n'y influe point. On pourra donc dire qu'une telle Montre va bien. Pour la régler, il ne faudra que toucher à l'aiguille de roſette.

Mais ſi votre Montre, après avoir retardé de 4 minutes en 24 heures, lorſqu'elle étoit ſuſpendue, vient enſuite à avancer, étant portée, ou bien à retarder d'une plus grande quantité que lorſqu'elle étoit ſuſpendue, comme de 6 minutes en 24 heures, par exemple, vous pourrez dire qu'elle varie; ainſi vous ne parviendrez à la régler qu'après y avoir fait toucher par un Horloger habile.

Pour juger de la juſteſſe d'une Montre, il faut ſur-tout obſerver de ne pas la mettre à l'heure avec la premiere Horloge venue, ou ſur une autre Montre, ou bien avec un Méridien, & de voir enſuite d'autres Méridiens,

Montres ou d'autres Horloges ; car il arrive presque toujours que les Méridiens, Horloges, Montres, different entr'elles d'un quart-d'heure plus ou moins. Or ces perfonnes décident auffi-tôt que leurs Montres *vont mal*, tandis que ce font les Horloges, Montres, Méridiens, auxquels ils ont comparés leurs Montres qui ont fait ces écarts, ou qui n'étoient pas mis à la même heure : ainfi il arrive qu'une très-bonne Montre va comme une *Patraque* dans certaines mains, & paffe en effet pour telle. Lorfqu'on veut comparer une Montre, il faut fe fervir d'une bonne Pendule, & toujours de la même ; ou fi on fe fert d'un Méridien, la vérifier toujours avec le même ; car les Méridiens peuvent auffi différer entr'eux de plufieurs minutes.

ARTICLE VIII.

Il eft néceffaire que chaque perfonne conduife fa Montre, la regle & la remette à l'heure tous les huit ou dix jours.

Nous avons fait voir, Article V, que la régularité des Montres eft dépendante du chaud, du froid, des frottements, &c. Il en réfulte donc :

1°, Que les Montres doivent varier de l'été à l'hiver : en général elles avancent en hiver & retardent en été ; il y en a cependant qui font le contraire :

2°, Que les Montres avancent ou retardent selon la chaleur du goussée des personnes qui les portent : ainsi une Montre qui sera réglée chez l'Horloger, pourra bien ne l'être plus lorsque vous la porterez :

3°, Que les changements de frottements, l'épaississement des huiles, l'affoiblissement du grand ressort, changent insensiblement la régularité d'une Montre : ainsi, pour qu'elle continue à être réglée, il faut tourner l'aiguille de rosette, à proportion du retard que ces causes ont produit. Il faut donc que chaque personne conduise & regle sa Montre ; & pour peu qu'elle soit bonne, elle ira constamment bien ; car une Montre, qui est toujours entre les mains de la même personne, est sensiblement exposée tous les jours à la même température, mouvement, position, &c. Il ne sera besoin pour lors, que de la remettre tous les 8 ou 10 jours à l'heure avec une bonne Pendule ou avec le Méridien. Et quand les changements qui résultent des frottements, épaississements d'huile, &c. auront agi, de façon à faire retarder sensiblement votre Montre, il faudra tourner l'aiguille de rosette, pour régler de nouveau la Montre.

ARTICLE IX.

Ufage du Spiral : comment il faut toucher à l'Aiguille de Rofette de la Montre pour la régler.

LES VIBRATIONS du balancier fe font avec plus ou moins de vîteffe, felon que le Spiral eft plus fort ou plus foible ; s'il eft plus fort, les vibrations font plus promptes, & s'il eft plus foible, elles font plus lentes.

Si on allonge le même fpiral, les vibrations du balancier feront plus lentes, car il deviendra plus foible ; & fi au contraire on le raccourcit, il fera plus fort & les vibrations plus promptes : c'eft précifément ce moyen que l'on met en ufage pour régler les Montres ; fi elles avancent on allonge le fpiral, & fi elles retardent on le raccourcit : cet effet eft celui qui réfulte du chemin qu'on fait faire à l'aiguille de rofette, je vais en faire voir l'effet.

On appelle Aiguille de Rofette, la piece *d*, *Pl. III. fig.* 1 (a), mife quarrement fur l'axe de la roue *K*, *fig.* 2 ; celle-ci porte des dents qui engrenent dans le *Rateau* (b), *b c*, lequel

(a) On reconnoîtra aifément les pieces dont je parle ici, lefquelles on verra en ouvrant la Montre.

(b) Ce Rateau eft vu en perfpective, *fig.* 7.

tourne autour du centre du balancier, fous la
Couliffe I L, vue en perfpective, *fig.* 4. Lorfqu'avec une clef on fait tourner l'aiguille *d* &
la roue *K*, celle-ci oblige le rateau de tourner :
or ce rateau porte le bras *b*, *fig.* 2 fur lequel
font fixées deux chevilles. Le fpiral paffe affez
jufte entre ces deux chevilles, de forte que ce
reffort n'eft flexible que du point *b*, en fuivant
le fpiral jufqu'au centre du balancier; ainfi
le fpiral agit avec plus ou moins de force fur
le balancier, felon que ces chevilles font
amenées en *a*, en *b*, ou en *c* : lorfqu'elles
font en *c*, le fpiral eft plus fort, ce qui fait
avancer la Montre; au contraire, les chevilles
étant conduites en *a*, le fpiral eft plus foible,
ce qui fait retarder la Montre.

Pour faire avancer une Montre, il faut
donc tourner l'aiguille de rofette de *R* en *A*;
car dans ce cas, la roue *K* a fait venir le
bras *b* en *c*, & au contraire, pour faire retarder la Montre, il faut tourner l'aiguille de
A en *R*.

On tirera donc de-là cette regle :

Lorfqu'une Montre retarde, il faut tourner
l'aiguille de rofette en avant ; c'eft-à-dire, du
même côté qu'on feroit tourner les aiguilles de
la Montre, pour les conduire de midi à une
heure ; & au contraire, lorfqu'elle avance, il
faut tourner l'aiguille de rofette en arriere ;
c'eft-à-dire, du même côté qu'on feroit tourner
les aiguilles de la Montre, pour les amener
de une heure à midi.

Quant à la quantité dont on doit tourner

l'aiguille de rofette , à chaque fois qu'il eft
befoin de régler fa Montre , il faut favoir
qu'elle n'eft point la même à chaque Montre ;
car fi on fait tourner en avant l'aiguille de
rofette d'une Montre , d'une divifion du petit
cadran , & que cela la faffe avancer de trois
minutes en 24 heures ; la même quantité
dont on tournera l'aiguille de rofette d'une
autre Montre , au lieu de faire avancer de 3
minutes , ne le fera que d'une demi-minute ,
ou de 4 plus ou moins : ainfi on ne peut pas
dire : *fi ma Montre a avancé de tant en 24
heures , il faut tourner l'aiguille de tant ;* bien
loin de-là , car on ne parvient à trouver cette
quantité qu'en tâtonant. Mais pour abréger
on fera ufage de la regle fuivante.

EXEMPLE.

On a mis fa Montre à l'heure d'une bonne
Pendule ; au bout de 24 heures , la Montre
a avancé de 4 minutes ; on a tourné en arriere
l'aiguille de rofette d'une divifion , & remis
de nouveau la Montre avec la Pendule ; au
bout de 24 heures , la Montre avance encore
de deux deux minutes : un degré de la rofette
parcouru par l'aiguille , répond donc à deux
minutes d'avance en 24 heures : ainfi pour
régler la Montre , il faudra encore tourner
d'un degré.

Pour amener facilement & proprement
une Montre , au point d'être à peu-près réglée , il faut conduire l'aiguille de rofette

d'une extrémité à l'autre ; c'est-à-dire , que
si la Montre retarde , il faut avancer l'aiguille ,
de sorte que la Montre avance enfuite , & à
peu-près d'autant qu'elle retardoit , pour lors
on n'a qu'à amener l'aiguille en arriere , en
lui faifant faire la moitié du chemin dont on
l'avoit avancée.

REMARQUE.

Ce que je viens de dire fur la maniere de
régler les Montres conftruites, comme celles
fig. 1 & 2, (*Pl. III.*) qu'on appelle à la
Françoife , eft également applicable aux
Montres à l'*Angloife*, *fig.* 3. Ainfi pour
régler une Montre à l'*Angloife* , on fait de
même qu'à celle à la *Françoife*, tourner le
quarré o, *fig.* 3 , au moyen de la clef : mais
dans celle - ci le quarré porte le cadran gradué
A , lequel tourne avec le quarté , tandis que
l'index *H* eft immobile ; au lieu que, comme
on l'a vu , lorfqu'on regle une Montre à la
Françoife, *fig.* 1 & 2, le cadran refte immobile , & c'eft l'aiguille qui tourne : fi donc
une Montre *Angloife* retarde , il faut faire
tourner le cadran en avant , tout comme fi
c'étoit l'aiguille , & remarquer le nombre des
divifions qui paffent par l'index *H*, ou par
tout autre point immobile fitué autour du
cadran ; & fi elle avance, tourner le cadran
en arriere.

ARTICLE X.

De la maniere de régler les Pendules.

PLUS un *Pendule* eſt long, & plus ſes vibrations ſont lentes ; & au contraire plus il eſt court & plus elles ſont promptes : ſi donc on allonge le *Pendule* (*a*), d'une Horloge ou Pendule, on la fera retarder, & ſi on le raccourcit on la fera avancer ; c'eſt le moyen dont on ſe ſert pour régler ces machines. Pour cet effet on diſpoſe la verge *AV*, (*Planche IV, fig.* 2) du Pendule, de maniere que la lentille *B* peut monter & deſcendre ſéparément de la Verge. On ajuſte au bas de la verge un *écrou CD*, qui entre à vis ſur le bout de la verge, c'eſt lui qui retient la lentille après la verge. Lorſqu'on fait tourner l'écrou de *D* en *C*, c'eſt-à-dire, en arriere, on fait deſcendre la lentille, & par conſéquent retarder la Pendule ; & au contraire, en le tournant en avant, c'eſt-à-dire, de *C* en *D*, on remonte la lentille, & la Pendule avance.

Il faut obſerver que dans la plupart des

(*a*) La longueur d'un pendule ſe meſure depuis le point *A*, qu'on nomme centre de *Suſpenſion*, juſqu'au point *B*, qu'on appelle centre *d'Oſcillation*: la lentille plus ou moins peſante ne change pas la vîteſſe des vibrations.

Pendules qu'on fait aujourd'hui la lentille
est enfermée dans la boîte, de sorte qu'on
ne peut pas toucher à l'écrou, & même
qu'on n'en met point ; mais ces Pendules
sont dans ce cas disposées de sorte qu'on les
regle en faisant tourner un quarré qui passe au
haut du cadran. En faisant tourner ce quarré
(au moyen d'une clef de Montre) de gauche
à droite, on accourcit le pendule & on fait
avancer l'Horloge, & au contraire, en tournant de droite à gauche, on allonge le pendule, & on fait retarder l'Horloge.

Les *Pendules* qui ont trois pieds 8 lignes
& demie de *A* en *B*, font chaque vibration
en une seconde, c'est-à-dire, 60 par minute
& 3600 par heure. Or si on descend d'une
ligne la lentille d'un tel *Pendule*, la Pendule
retardera d'une minute 38 secondes en 24
heures ; tandis qu'en faisant descendre d'un
quart de ligne seulement la lentille d'un
Pendule de 9 pouces 2 lignes & un quart, la
Pendule, où un tel *Pendule* seroit appliqué,
retarderoit d'une minute 38 secondes en 24
heures, d'où l'on voit que la quantité dont
on doit tourner l'écrou pour régler l'horloge, change selon que les *Pendules* sont
plus longs ou plus courts ; d'ailleurs cette
quantité varie encore selon que les pas de la
vis sont plus ou moins distants, ainsi on ne
peut pas prescrire exactement combien on
doit tourner l'écrou pour tel écart. Mais pour
éviter le tâtonnement, on se servira de la
Regle suivante.

EXEMPLE.

Mettez la Pendule donnée sur l'heure d'une autre Pendule réglée ou avec un Méridien, observez combien elle a avancé ou retardé en 24 heures, je suppose qu'elle a avancé de trois minutes : tournez l'écrou en avant de dix divisions plus ou moins, s'il est gradué; s'il ne l'est pas, faites-le tourner d'un quart de tour en avant; remettez-la de nouveau à l'heure; voyez-la au bout de 24 heures. Si elle avance encore d'une minute, je suppose, ce sera une preuve que 10 divisions de l'écrou *gradué*, ou un quart de tour de celui qui ne l'est pas, a fait avancer la Pendule de 2 minutes en 24 heures; ainsi, pour la régler, on n'aura plus qu'à avancer l'écrou de 5 divisions ou d'un huitieme de tour : on appliquera le même raisonnement pour les autres cas.

ARTICLE XI.

Comment il faut régler les Pendules & les Montres, par le passage du Soleil au Méridien.

J'AI SUPPOSÉ jusques-ici, que pour régler une Montre, on avoit la facilité d'en comparer la marche avec une bonne Pendule déja réglée fur le tems moyen ; mais la plupart des perfonnes, qui ont des Montres, n'ayant pas de telles Pendules de comparaifon, il faut fe fervir d'un moyen qui puiffe aifément s'employer en différents pays : ce moyen eft celui du paffage du Soleil au Méridien ; mais les Méridiens n'étant pas encore fort communs, on trouvera, dans l'Article fuivant, la maniere d'en tracer d'affez bons pour régler les Pendules & les Montres.

On fait que le Soleil varie, (voyez Art. I), & que les Pendules & les Montres doivent fuivre le tems moyen. Lors donc que l'on réglera une Pendule ou une Montre fur le Méridien, il faudra faire abftraction des écarts du Soleil.

Les variations du Soleil font indiquées pour chaque jour de l'année dans les Tables d'Equation, placées à la fin de ce Livre. La premiere colonne de chaque mois marque les jours du mois ; les lettres initiales *R* ou *A*, qui précédent les chiffres de la feconde colonne font pour défigner le fens de la variation du Soleil ; les chiffres de cette deuxieme colonne marquent le nombre de minutes & de fecondes, dont le midi du Soleil avance ou retarde fur le midi tems moyen : ainfi, on voit que le premier Janvier, le Soleil retarde fur le tems moyen de 3 minutes 59 fecondes ; qu'il avance le premier Septembre de 0 minutes 27 fecondes, &c.

La derniere colonne de chaqne mois marque pour chaque jour de l'année le nombre

de secondes dont le Soleil varie en 24 heures
sur le tems moyen. Ce sont ces quantités, qui,
ajoutées ou souftraites, forment l'équation
du Soleil : ainsi, on voit qu'en ajoutant à
l'équation 3 minutes 59 secondes, du premier Janvier, 29 secondes, qu'il a varié du
premier au 2, on aura 4 minutes 28 secondes,
qui fait l'équation du 2 Janvier ; & si on
souftrait de l'équation du premier Mars, qui
est 12 minutes 36 secondes, la quantité 13
secondes dont il a varié du premier au 2, on
aura, pour l'équation du 2 Mars, 12 minutes
23 secondes. Cette derniere colonne n'est pas
fort utile pour régler les Montres, elle sert à
faire voir d'un coup d'œil l'écart que fait le
Soleil chaque jour.

Régler une Pendule ou une Montre sur le tems moyen, par le passage du Soleil au Méridien.

ON VEUT mettre le 6 Octobre, par
exemple, sa Montre sur le tems moyen ; on
verra pour cet effet dans la Table d'Équation,
de combien le midi du Soleil differe du tems
moyen ; on trouve qu'il avance ce jour-là
de 12 minutes : ainsi, à l'instant du passage
du Soleil au Méridien, on mettra le midi de
la Montre 12 minutes en retard (*a*) de celui

(*a*) La raison de cette opération est simple, car lorsque le midi du Soleil avance, c'est dire, que le tems moyen retarde : & au contraire, si le Soleil retarde, c'est dire, que le tems moyen avance.

du Méridien. La Montre fera donc fur le tems
moyen. Pour voir fi elle eft réglée, on attendra quelques jours pour revoir le Méridien, jufqu'au 14, par exemple ; on verra
dans la Table de combien le Soleil avance le
14 ; on trouve 14 minutes : or fi la Montre
eft réglée, il faut que, lorfqu'il fera midi au
Soleil, le midi de la Montre foit de 14 minutes en retard ; fi elle diffère plus ou moins
de 14 minutes, c'eft une preuve qu'elle n'eft
pas réglée ; on touchera donc à l'aiguille de
rofette à proportion de l'écart.

REMARQUE.

ON TIRERA de cet exemple une regle
propre à vérifier exactement la marche d'une
Pendule ; c'eft, que fi on a mis le 6 Octobre
(ou tel autre jour le midi de la Pendule fur
le tems moyen, cette Pendule étant fuppofée
réglée, le Soleil devra avancer, par rapport à
elle, de 16 minutes 9 fecondes, le premier
Novembre : il retardera de 4 fecondes, le 23
Décembre ; il devra retarder de 14 minutes
44 fecondes le 11 Février, & s'en écarter
ainfi de fuite, comme il eft marqué dans la
Table d'Équation : cela fuit des notions que
nous avons données du tems vrai & moyen,
Article I.

Pour mettre exactement une Pendule à
fecondes à l'heure du Méridien, il faut fe
fervir d'une Montre à fecondes que l'on arrête
fur midi, par le moyen de la détente *F*, (*Plan-*
che

che III, *fig.* 2), que l'on pousse , & dont la partie G arrête le balancier, jufqu'au moment où l'aftre paffe au Méridien ; dans cet inftant on retire la détente **F**, & la Montre marche. De cette maniere on a le tems du paffage avec une grande précifion. Il ne s'agit plus que de mettre l'heure de la Pendule d'après la Montre.

Faire fuivre les variations du Soleil à une Montre : & la régler en même tems.

EXEMPLE PREMIER.

ON A MIS le 10 Janvier fa Montre avec le Soleil, & on veut la remettre le 20 : avant de toucher aux aiguilles , on verra de combien la Montre differe du Soleil ; je fuppofe qu'elle avance de 3 minutes fur le Méridien , on la remettra avec le Soleil ; & pour favoir fi c'eft la Montre qui a varié , on verra quelle eft la différence de l'équation du 10 & du 20 Janvier : on trouve que le 10 Janvier le Soleil retarde de 8 minutes , & que le 20 il retarde de 11 minutes & demie ; c'eft donc 3 minutes & demie dont il retarde de plus le 20 ; la Montre doit donc être en avance de 3 minutes & demie fur le Soleil : fi elle differe de plus ou moins , on touchera à l'aiguille de rofette à proportion de l'écart.

D

EXEMPLE II.

ON A MIS la Montre au Méridien le 11 Décembre ; on veut favoir le 31, si elle va jufte ; voyez l'équation de ces deux jours : on trouve que le 11 Décembre le Soleil avance de 6 minutes, & qu'il retarde le 31 de 4 minutes ; il a donc avancé de 10 minutes du 11 au 31. Si la Montre eft réglée, elle doit être en retard de 10 minutes. Car si elle fe trouve jufte au Méridien, ce feroit une preuve qu'elle auroit avancé de 10 minutes. Si l'écart eft plus grand, on touchera à l'aiguille de rofette : on raifonnera de même pour tous les autres cas.

Ufage du Cadran d'Équation, Planche IV. Figure premiere.

J'AI FAIT exécuter un Cadran de Montre, lequel peut tenir lieu de Table d'Équation. Il marque la différence du tems vrai au tems moyen, pour chaque mois de l'année. Son ufage eft de régler la Montre où il eft appl qué, & pour favoir toujours l'heure du tems vrai & du tems moyen.

Ce Cadran eft divifé en douze parties, qui forment les mois de l'année ; chaque mois eft divifé en 3 époques: favoir, le 10, le 20 & le dernier du mois : au-deffous de chaque époque eft marqué le nombre de minutes dont le Soleil avance ou retarde ces jours-là sur le tems moyen ; les lettres initiales *A* ou *R*, qui sont à chaque mois, marquent le sens de l'écart du Soleil : ainsi, en Février, on voit que le Soleil retarde ; savoir, le 10 de 15 minutes ; le 20 de 14 minutes, & le 28 de 13 minutes.

Quand l'équation change, on voit immédiatement avant le nombre de minutes, la lettre initiale qui l'annonce ; ainsi ce cadran peut être conçu sans autre explication. J'ai dit, Article VIII, qu'il faut remettre sa Montre à l'heure tous les 8 ou 10 jours ; on peut se servir des époques 10, 20, & derniers jours du mois marqués par le cadran ; ainsi, en remettant sa Montre ces jours-là avec le Soleil, on verra si elle a varié depuis la derniere fois qu'on l'a mise, & on la réglera en conséquence, en se servant des méthodes que j'ai indiquées ci-devant, & faisant usage du Cadran, comme d'une Table d'Équation.

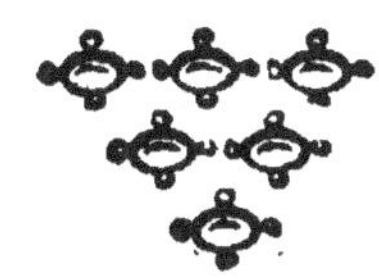

ARTICLE XII.

Maniere de tracer des Lignes Méridiennes propres à régler les Pendules & les Montres.

1°. *Tracer une Ligne Méridienne sur un plan horizontal* (a).

Ayez une pierre (b) *ABCD* (*Planche IV*, fig. 3), bien plane & unie, que vous poserez horizontalement au moyen du niveau, *fig.* 4. Pour cet effet, vous ferez caler la pierre jusqu'à ce que le fil de l'à-plomb reste toujours dans la verticale *v* : après quoi il faudra la fixer solidement. Placez à l'extrémité de cette pierre, du côté où le Soleil paroît à midi, le style ou index *EG* (c), dont

---

(*a*) On appelle horizontale une surface qui ne panche d'aucun côté; telle est sensiblement le dessus d'une table, ou plus exactement l'eau qui repose dans un vase.

(*b*) La plus grande sera la meilleure; il faut lui donner deux ou trois pieds de longueur; car plus la ligne que l'on tracer sera longue, & le *style* ou *index* élevé, & plus la méridienne sera juste : c'est par cette raison qu'une ligne, tracée sur un plancher, ou celle qui est tracée sur un mur est préférable à cette premiere

(*c*) Pour trouver la hauteur du *style*, il faut mesurer la distance du point *F*, jusqu'à l'extrémité *M* de la pierre; ce qui donnera la longueur de la ligne méridienne. Ce point *F*, se trouvera à peu-près, en réservant à l'extrémité *G* de la pierre

la plaque *E* soit percée à son centre d'un trou qui ait environ une ligne, & soit propre à laisser passer la lumiere du Soleil : faites passer par le milieu de ce trou le fil de l'à-plomb, *fig.* 6 ; marquez sur la pierre le point qui répond au-dessous de la pointe *n* : de ce point *F* comme centre, tracez avec un compas, les circonférences *a*, *b*, *c*. Observez avant 9 heures ou 9 heures & demie le moment auquel la lumiere qui passe par le trou du style, viendra couper cette circonférence : marquez bien exactement dans la circonférence *c*, & par le milieu de l'ombre, le point *H* sur le plan ; observez après-midi l'endroit *I*, où la lumiere viendra couper la même circonférence ; divisez l'arc *H I* en deux également : du milieu *c* & du point *F*, menez la ligne *M F*, qui sera la méridienne cherchée.

2°. *Tracer une Méridienne sur le parquet ou carreau d'une Chambre.*

POUR tracer une telle ligne, il faut premiérement trouver l'instant de midi sur un plan horizontal ; pour cet effet, on peut

& en dehors de *F* la place pour la base *G* du style, à peu-près comme on le voit dans la figure 3. Ayant ainsi trouvé la longueur *F M* de la ligne, on cherchera dans la Table, qui est à la suite des Tables d'Équations, quelle doit être la hauteur qui convient à cette ligne, que je suppose de 2 pieds ; on trouve dans la Table, à côté de 2 pieds, le nombre de 7 pouces 7 lignes ; on fera donc un style *G E*, qui soit tel que de *E* en *F*, il y ait juste 7 pouces 7 lignes : on scellera ce style après la pierre ; de cette placer la pierre dans un Jardin (*a*), qui ne foit pas fort éloigné de la chambre où l'on veut tracer la ligne méridienne ; on peut auffi la pofer fur l'appui d'une fenêtre, fi la fituation le permet : après avoir fixé horizontalement cette pierre qui aura deux ou trois pieds, on fera tourner une piece ou quille de bois, (*Planche IV*, *fig.* 5), dont la boule *b* ait environ 6 lignes de grofteur, & foit élevée au-deffus de fa bafe ; de maniere qu'à neuf heures, l'ombre de la boule porte à l'extrémité de la pierre : on fixera au centre de la bafe *B* une pointe *P* ; laquelle on fera entrer dans un trou fait en *F* (*fig.* 3) à la pierre du côté du midi ; de ce trou, comme centre, vous décrirez les circonférences *a*, *b*, *c*, & trouverez, comme dans l'exemple précédent, la ligne *M F*, qui donnera le midi demandé.

On fixera enfuite à l'embrafure de la fenêtre de la chambre où on veut tracer la méridienne, un ftyle ou index qui ait un trou d'environ 3 lignes de grofteur. Mais pour ne pas donner trop ou trop peu de hauteur à ce ftyle au-deffus du plancher avant de le fceller, il faut mefurer à l'heure de midi la diftance qu'il y a depuis l'embrafure de la fenêtre jufqu'à l'extrémité de la chambre, en fuivant pour cela la direction indiquée par l'ombre que fait le côté de la fenêtre fur ce plancher ;

maniere on fera affuré, qu'en hiver, lorfque le Soleil eft le moins élevé fur l'horizon, l'ombre de la plaque ne portera ni trop en dehors du plan, ni trop en dedans, mais jufte à l'extrémité *M*.

(*a*) Ou autre lieu, fitué en plein air.

cela donnera la longueur de la ligne méridienne , laquelle je fuppofe de 10 pieds ; on
verra dans la Table , indiquée ci-deſſus , la
hauteur que doit avoir le ſtyle ; on trouvera 3 pieds 2 pouces un quart. On ſcellera
donc à l'embraſure de la fenêtre un ſtyle ,
dont le milieu du trou ſoit élevé au deſſus
du plancher de 3 pieds 2 pouces un quart.
On attendra le lendemain le moment où
l'ombre de la boule du plan horizontal
ſera partagé en deux par la ligne *M F* ; dans
l'inſtant (*a* on marquera ſur le plancher le
centre de lumiere qui paſſe à travers le trou
du ſtyle fixé à la fenêtre : le point en ſera un
de la méridienne. Pour en trouver un ſecond,
il faut tendre un fil , depuis le milieu du trou
du ſtyle juſqu'au point de midi marqué ſur le
plancher ; on ſuſpendra à ce fil l'à-plomb ,
fig. 6 , aſſez en dedans de la chambre , pour
éviter *ſeulement* l'appui de la fenêtre , ou tel
autre obſtacle qui peut ſe trouver ſous le ſtyle ;
on marquera ſur le plancher un point qui
ſoit exactement ſous la pointe de l'à-plomb :
de ce point & de celui déja trouvé , on tracera
une ligne qui ſera la méridienne cherchée.

(*a*) On conçoit , que pour ſaiſir cet inſtant , il faut deux perſonnes, l'une qui obſerve ſur le plan ho-rizontal le moment de mi-di , & l'autre qui attende cet inſtant , pour marquer ſur le plancher le milieu de l'image ſolaire , dès que ſon correſpondant a fait le ſignal convenu.

3°. *Tracer une ligne Méridienne sur le mur d'une Maison ou d'un Jardin.*

TROUVEZ de la maniere que je l'ai dit ci-deſſus, le moment de midi ſur un plan horizontal ; déterminez la longueur que peut avoir la ligne ; trouvez la hauteur du ſtyle qui lui convient (*a*) ; faites ſcéler le ſtyle après le mur, de maniere que le milieu du trou du ſtyle ſoit éloigné du mur, de la hauteur indiquée par la Table ; attendez que l'ombre de la boule ou ſtyle du plan horizontal ſoit partagé par la ligne MF ; dans le moment marquez ſur le mur le milieu de l'image ſolaire qui paſſe par le ſtyle ; ſuſpendez l'à-plomb, de maniere que le fil diviſe le point de midi en deux, marquez à l'extrémité où le fil eſt ſuſpendu, un autre point qui ſoit auſſi diviſé en deux par ce fil ; faites paſſer par ces deux points une ligne qui ſera la méridienne cherchée.

Conſtruction du Niveau ; (Pl. **IV**. Fig. 4.)

SI ON n'a pas de niveau pour placer horizontalement la pierre ſur laquelle on veut tracer une Méridienne, on pourra aiſément la conſtruire ſoi-même de la maniere ſuivante.

(*a*) Cette hauteur du ſtyle ne conviendra que dans le cas où le mur ſera bien au midi ; car s'il dé- cline d'un côté ou d'au- tre, le ſtyle devra être plus court ou plus long.

Ayez

Ayez un bout de planche, *fig.* 4, qui
soit dreffée d'un côté ; divifez-le en deux parties égales du point milieu *v*, comme centre :
décrivez le demi-cercle *a*, *b* ; des points
a, *b*, décrivez les deux portions de cercle *c*,
qui fe coupent en *c* ; tirez des points *c* & *v*
la ligne *c*, *v*, qui fera perpendiculaire au
côté *a b* : ainfi, en attachant au point *c*,
un fil qui fufpende la boule *d*, on aura un
niveau.

ARTICLE XIII.

*Des précautions à mettre en ufage,
pour acquérir de bonnes Montres
& Pendules.*

QUOIQU'IL y ait une très-grande différence d'une Montre bien faite à une médiocre, de celle qui eft bien conftruite à
celle qui ne l'eft pas, il bien difficile de donner des regles, pour que tout autre qu'un
artifte puiffe en juger ; puifqu'une partie de
ceux qui profeffent l'Horlogerie, ne font
pas fort en état de le faire.

J'indiquerai donc ici quelques moyens qui
pourront fuppléer à ces regles.

1°, Il faut s'adreffer à un Artifte, dont la
réputation foit faite, & autant établie fur les
fentiments d'honnête homme, que fur le talent. Cette premiere condition qu'on exige

E

d'un Artiste est inutile si l'autre ne l'accompagne.

2°, La bonté d'une Pendule ou d'une Montre, ne dépend pas tant de l'extrême beauté d'exécution de chaque partie qui la compose, que de l'intelligence de l'Artiste, & des principes qu'il a suivi ; car une Montre parfaitement bien exécutée, peut aller très-mal, (ce qui arrive assez souvent) tandis qu'une Montre qui sera médiocrement bien faite en apparence, ira fort juste : les soins d'exécution sont très-essentiels ; mais il faut savoir les appliquer. Une parfaitement bonne Montre ou Pendule, est donc celle où l'on a réuni les principes & une bonne exécution : il est vrai qu'il est assez rare de voir ces parties réunies dans le même ouvrage ; mais, si on ne peut acquérir de pareilles, machines, au moins doit-on préférer à la main brillante d'un Ouvrier qui ne sait pas raisonner, l'Artiste qui possede les principes de son art, & dont l'étude suivie & des expériences délicates ont formé la théorie.

3°, Pour avoir une bonne Montre, il faut laisser la liberté à l'Artiste de la construire à son gré, sur les principes qu'il imaginera les plus propres à donner de la justesse ; en lui recommandant cependant de suivre plutôt une construction que le tems & l'usage ont confirmés, qu'une autre qui ne dépend que d'un systême idéal démenti par l'expérience.

4°, Comme la différence d'une Pendule ou d'une Montre bien faite à celle qui ne l'est pas, est très-grande, ainsi que je l'ai dit, la différence du prix d'une Montre bien faite & bien construite à une qui ne l'est pas, doit de même être très-grande ; ce qui est bien aisé à concevoir : car pour faire des Pendules & des Montres les plus parfaites possibles, il faut avoir le génie des machines, & joindre à cela une bonne exécution, la moindre partie d'une Montre exigeant des soins & des raisonnements suivis. Or ces soins, ces raisonnements ne s'acquierent que par un travail très-long, & par une étude particuliere ; & on ne les applique qu'en y employant beaucoup de tems. Mais si le tems qu'un habile Artiste employe à exécuter une bonne Montre, est double du tems qu'employe un Artiste médiocre ; par cette seule raison, son ouvrage doit être payé le double de l'autre. Enfin, les raisonnements qu'il y applique, l'étude qu'il fait pour perfectionner ce qu'il exécute, exigent sans doute qu'on fasse une différence de son ouvrage d'avec celui de son confrere malhabile. Or, pour porter un Artiste à bien faire, il faut le payer proportionnément à son talent, & ne le pas borner ; sans quoi vous le forcez à vous donner des Montres ou Pendules médiocres, semblables à celles que font les manœuvres Horlogers, & que vendent les marchands.

5°, Pour avoir une Montre qui soit constamment bonne, même en passant entre les mains d'un Ouvrier médiocre, il faut qu'elle soit d'une grosseur moyenne, & éviter l'extrême *petiteſſe.* Une petite montre peut cependant aller auſſi-bien qu'une Montre ordinaire ; mais comme les petites Montres ſont infiniment plus difficiles à exécuter, le nombre des bonnes en eſt très-petit ; elles ſont d'ailleurs plus ſujettes à être *eſtropiées* par les Ouvriers qui les raccommodent.

6°, Les Pendules & les Montres ſont des machines, dont la principale propriété eſt de meſurer le temps ; ainſi le but qu'un habile Artiſte doit avoir, en changeant la conſtruction de ces Machines, doit être de leur donner un plus grand degré de juſteſſe, ou bien de leur faire produire un plus grand nombre d'effets. Toutes les fois donc que l'on verra dans une Montre une augmentation d'ouvrage qui ne tendra pas à ce but, on peut décider à coup ſûr, que celui qui l'a faite eſt un ignorant, ou qu'il veut en impoſer à ceux qui le ſont. Un Artiſte qui a du génie, & qui aime ſon Art, ne s'occupe au contraire que des moyens de perfectionner les Machines qu'il conſtruit, & il ne fait que des changemements qui ont une utilité marquée : un tel Artiſte doit donc faire bien peu de cas de ces choſes ſingulieres & inutiles, comme ſont, par exemple, les Montres dont on découpe les Platines, celles dont on cache les Roues dans l'épaiſſeur des Platines, pour faire croire qu'elles ſont plus ſimples, &c. On doit donc faire choix de Montres dont la conſtruction ſoit ſimple & ſolide, & faites ſur un plan qui concilie la bonté des principes & l'exé-

cution facile ; chofes très-effentielles , fi on
veut avoir une Montre qui dure : car il eft
à remarquer qu'une Montre ordinaire , qui
étoit bonne dans fon origine , eft devenue
mauvaife par les différentes mains dans lefquelles elle a paffé ; à plus forte raifon cela
arrivera-t-il à ces Montres dont on augmente
les défauts & les difficultés d'exécution.

Quant à la maniere de connoître des Montres par l'effai , il eft affez difficile de s'y arrêter & d'en faire ufage ; car on ne propofe
pas à un habile homme d'effayer fes Montres :
ce feroit l'outrager fans néceffité ; puifque ,
lorfqu'on lui a demandé une bonne Montre ,
& qu'on la lui paye comme telle , il doit la
faire bien aller ou la reprendre , (fi elle va
affez mal pour cela) ; & pour les Montres
ordinaires, il arrive fouvent qu'elles vont bien
pendant quelque tems , & enfuite très-mal ;
ainfi l'effai , en de femblables ouvrages , eft
inutile.

Pour juger du mérite d'une Montre , il
faut en examiner toutes les parties démon-
tées & les voir féparément ; par-là , on juge
fi une Montre eft bonne , fi elle peut marcher
conftamment avec la même jufteffe : or, pour
cela , il faut un habile homme , & il n'y a
vraiment que celui-là qui puiffe eftimer une
Montre , & la faire marcher conftamment
jufte.

S'il eft néceffaire , comme on ne peut en
difconvenir , de s'adreffer à un habile Artifte
pour avoir de bonnes Montres , il eft affez.

E iij

naturel de s'adreſſer à des Horlogers ordinaires pour en avoir de médiocres ; car ſi peu
qu'on leur ſuppoſe de talent, ils feront toujours plus en état de choiſir & vendre une
Montre, que des Marchands de toute eſpece,
qui ſe mêlent de l'Horlogerie ; & qui non
contents de vous livrer de l'ouvrage médiocre, le font payer plus cher que ne le feroit
un Horloger, puiſque la plûpart des ouvrages d'Horlogerie que vendent ces Marchands,
font fournis par des Horlogers (ſur qui ils
gagnent) & ces *Ouvriers* n'étant pas reſpon-
ſables des ouvrages qu'ils vendent à vil prix
aux Marchands, s'inquiettent fort peu de
leur perfection ; d'ailleurs ces Marchands
ſavent fort bien employer des mauvais Mouvements de Genêve dans des boîtes de Paris,
faire marquer les noms des bons Maîtres
deſſus ces Montres, & les vendre comme ſi
elles étoient bonnes. Si donc on veut avoir de
bonne Horlogerie, qu'on s'adreſſe à un habile
homme ; & pour de l'Horlogerie médiocre, à
des Horlogers inférieurs. Voilà les grandes
regles à ſuivre. On me dira peut-être, que les
Horlogers trompent, & vendent ſouvent de
mauvais ouvrages pour bons, & qu'il fau-
droit donner des moyens propres à prévenir
cet abus de confiance. J'avoue, qu'en effet
il y a des Horlogers d'aſſez mauvaiſe foi pour
tromper : mais je ne connois de moyens ſûrs
de l'éviter, que de s'adreſſer à des Horlogers
connus, & de s'en rapporter à leurs lumieres
& à leur probité, en faiſant attention, ſur-

tout , que la bonté des ouvrages est toujours en proportion du prix que l'on veut y mettre ; & que , trompé pour trompé, on l'est moins en s'adreſſant à des Horlogers pour l'achat des ouvrages d'Horlogerie , qu'en s'en rapportant à ceux qui n'y connoiſſent rien , comme ſont les Marchands de Montres. Car au moins les premiers ont des connoiſſances dans l'Art, quelques bornées qu'elles ſoient , & ils peuvent plutôt choiſir , que les Marchands qui ont la même doſe de tromperie, & l'ignorance en ſus.

Enfin , ſi on veut acquérir aſſez de lumieres pour juger ſoi-même des Montres, il faut devenir Artiſte , ou tout au moins, avoir quelque teinture d'Horlogerie : pour cet effet, il faut lire les livres qui en parlent ; pour lors , appliquant ces notions à l'examen des Montres & Pendules, on pourra commencer à en juger.

ARTICLE XIV.

Des moyens de conserver les Montres.

Lorsqu'on a fait l'acquiſition d'une bonne Montre , cela ne ſuffit pas ; il faut encore ſavoir la conduire , la régler , ſonger à la faire nétoyer de tems en tems , & à rétablir ce que le mouvement, les frottements ,

& le tems détruifent dans la machine : pour
cet effet, il eft bien effentiel de s'adreffer à
des Horlogers intelligens, & qui joignent à
cela de la bonne volonté. Il eft même à propos
de s'adreffer, autant qu'il eft poffible, à celui
qui a fait la Montre ; car il eft engagé par
honneur à la faire bien aller ; au lieu que fon
Confrere s'en inquiette très-peu, & que fouvent même il la détruit par ignorance, &
quelquefois par mauvaife foi.

Si ce font là des vérités défagréables pour
les Ouvriers qui font en faute, il eft effentiel
auffi que le Public les connoiffe ; car la plûpart des Montres périffent entre les mains de
ces Ouvriers, & le tems, les frottemens, &c,
font moins de ravage, que la maniere dont ils
accommodent les Montres. Le feul moyen
que je connoiffe pour prévenir ces difficultés,
c'eft, comme je l'ai dit, de remettre fa Montre
à raccommoder à celui qui l'a faite, ou à un
Horloger connu pour fon talent, & pour fa
probité : dans ce cas, la Montre qu'on lui
donne à mettre en état, ne pourra que devenir meilleure ; car il eft à obferver, que
plus un homme a de talens, & moins il eft
capable de méprifer l'ouvrage de fon confrere ;
bien loin delà l'amour qu'il a pour la perfection, l'engage à en procurer un degré à tous
les ouvrages qui lui paffent par les mains.

Une économie mal entendue guide fouvent
le Public : on veut éviter de dépenfer de l'ar-
gent pour l'entretien de fa Montre, & c'eft
toujours aux dépens de la Machine. Telle per-

fonne qui donne fa Montre à raccommoder, dit à l'Horloger, *qu'il n'y a qu'à la nétoyer :* l'Horloger voit les imperfections de la Montre, foit celles caufés par la conftruction, ou autres ; mais il ne peut y remédier, puifqu'il n'en feroit pas payé ; il arrive fouvent, que cette Montre, fimplement nétoyée va beaucoup plus mal qu'elle ne faifoit auparavant ; car une Montre très-mal faite, mal compofée, enfin ce qu'on appelle une *mauvaife Montre*, peut aller très-bien, & devoir la caufe de fa juftefle aux vices même de la Machine. Or, fi on nétoye une telle Montre, & qu'on ôte quelques-uns de ces vices, elle ne manquera pas d'aller fort mal ; & celui à qui elle appartient, ne manquera pas de dire : *l'Horloger a eftropié ma Montre* (a) ; & cependant il n'en eft rien, par bien des raifons, qu'il feroit trop long de dire ici, dont voici la principale : c'eft que la liberté que l'on donne à une Montre en la nétoyant, ôte cet état d'équilibre qui régnoit auparavant entre le régulateur & le moteur ; & que le balancier fuit alors, plus qu'il ne faifoit, les impreffions du moteur, l'inégalité des engrenages, &c.

Une perfonne qui ayant une bonne Montre, defire de la conferver telle, doit donc ne la remettre qu'en des mains fûres pour la

---

(*a*) Il y a même des gens affez peu inftruits pour croire qu'on peut changer des pieces de leurs Montres, & qui difent, lorfque leurs Montres vont mal en fortant des mains de l'ouvrier qui les a nétoyées, *il a changé les Refforts de ma Montre.*

réparer ; il doit de même la faire nétoyer au moins tous les trois ans.

Il se trouve des personnes dont le gousset est si chaud, qu'en très-peu de tems les huiles de la Montre se dessechent ; ce qui fait varier & ensuite arrêter la Montre, & détruire les pivots, ainsi que le cylindre (si c'est un échappement à repos) que la roue tend à creuser. Ceux qui sont dans ce cas, doivent donc faire nétoyer leurs Montres plus souvent, ou bien garantir leur Montre de ce trop de chaleur en faisant pour cela garnir leurs goussets.

Comme l'humidité fait rouiller l'acier, on doit tenir les Montres, le plus qu'il est possible, dans un lieu sec.

La poussiere & les ordures qu'on laisse introduire dans une Montre, en dessechent les huiles, & fournissent des matieres, qui venant à se broyer avec l'huile par le mouvement des roues, ne tendent qu'à ronger les parties auxquelles elles s'attachent ; ce qui détruit insensiblement la machine.

ARTICLE XV.

Contenant le précis des regles qu'il faut suivre pour conduire & regler les Montres & les Pendules : Les observations qu'il est à propos de faire pour jouir avantageusement de ces Machines utiles.

1°, L E S O L E I L n'employe pas tous les jours le même tems à revenir au Méridien : son mouvement est donc variable. Voyez *page 2 & suiv.*

2°, Les Pendules & les Montres ne peuvent suivre naturellement les variations du Soleil, *page 21.*

3°, Lorsque l'on veut connoître si une Montre va juste, & qu'on la compare avec le Méridien ou un Cadran Solaire, il faut souftraire les écarts faits par le Soleil, & faire usage pour cela des Tables d'Equation : Article XI.

4°, Les Montres font sujettes à des variations qui n'ont aucunes regles constantes, étant produites par le chaud, le froid, par les divers mouvements auxquels elles sont exposées, &c ; de sorte, que lorsqu'une Montre ne fait qu'une minute d'écart par jour, tantôt en avançant & tantôt en retardant, on ne doit pas s'en plaindre : Art. V.

5°, Les Pendules ne font pas fujettes aux mêmes variations des Montres : on peut donc s'en fervir pour régler les Montres : *page* 22 & 25.

6e, il faut remettre fa Montre à l'heure tous les 8 ou 10 jours avec une bonne Pendule ou avec un Méridien. Si elle ne fait que 8 minutes d'écart en 8 jours, il faut fimplement remettre les aiguilles à l'heure ; mais fi elle s'eft écartée de plus de 8 minutes, foit en avance ou en retard ; il faut, non-feulement remettre les aiguilles, mais toucher en conféquence à l'aiguille de rofette.

7°, Lorfque la Montre avance, il faut, pour la régler, tourner l'aiguille de rofette en arriere, c'eft-à-dire, dans le même fens que vous tournez celle des minutes pour retarder la Montre en l'amenant de 1 heure à midi : & au contraire, fi la Montre retarde il faut tourner l'aiguille de rofette en avant, c'eft-à-dire, dans le même fens que vous tourneriez l'aiguille des minutes pour la conduire de midi à une heure, *page* 32.

8°, Il ne faut tourner l'aiguille de rofette à chaque fois, que d'une demi-divifion du petit cadran, à moins que la Montre ne faffe un grand écart en 24 heures, comme de 4 à 5 minutes ; alors on peut tourner l'aiguille d'une ou deux divifions, plus ou moins felon l'écart. Voyez *page* 33.

9°, Pour remettre une Montre à l'heure, il faut fe fervir de la clef, & faire tourner l'aiguille des minutes par son quarré, jusqu'à ce que la Montre marque l'heure & la minute qu'il est ; ayant attention de ne point faire tourner l'aiguille des heures séparément de celle des minutes.

10°, Lorsqu'une Montre à répétition marque une heure, & qu'elle en répéte une autre ; on peut tourner l'aiguille des heures séparément de celle des minutes, & la mettre sur l'heure, & le quart que la piece a répétée ; il faut pour cela que l'aiguille des heures tourne facilement ; alors on peut supposer l'avoir dérangée sans s'en être apperçu. Après l'avoir ainsi tournée, il faut appuyer avec la pointe d'un canif sur le centre de l'aiguille en pressant contre le cadran, afin d'arrêter l'aiguille avec son canon, & l'empêcher de se déranger de nouveau ; on remettra ensuite, selon l'article précédent, les aiguilles à l'heure qu'il est.

Mais si l'aiguille des heures tourne difficilement, il faut porter la Montre à l'Horloger ; car, outre qu'on pourroit casser l'aiguille, on doit supposer dans ce cas, que le dérangement des aiguilles, avec la répétition, est causé par les pieces qui sont sous le cadran.

11°, Lorsque les aiguilles d'une Montre, soit à répétition ou sans répétition, sont en avance ou en retard d'une heure ou deux, plus ou moins, il faut les tourner du côté où elles auront le moins de chemin à faire, soit qu'il faille les tourner en *arriere* ou en *avant* ; il n'y a pas plus de risque d'un côté que de l'autre. Il suit de-là, que si on a oublié de remonter fa Montre , & qu'elle fe trouve en avance d'une demie-heure , 2 heures , &c. Il faut faire rétrograder les aiguilles de cette quantité , plutôt que de les tourner en avant de 11 heures & demie plus ou moins ; ce qui arrive à beaucoup de pefonnes , crainte de *gâter leurs Montres.* Ils font cependant ce qu'ils veulent éviter ; car en faifant beaucoup tourner les aiguilles , cela rend les canons qui les portent trop libres fur leurs axes , & alors la moindre chofe les dérange ; il arrive même , qu'à de telles Montres , la Montre marche , tandis que les aiguilles reftent immobiles.

12°, Si on a une Montre à fonnerie ou à réveil , ou d'une conftruction particuliere , à laquelle le mouvement rétrograde de l'aiguille puiffe être à craindre , il eft aifé de s'en affurer ; il ne faut pour cela que reculer l'aiguille des minutes , & fi on fent tout-à-coup une forte réfiftance , il vaut mieux les tourner en avant.

13°, *Il faut remonter fa Montre tous les jours à la même heure :* une Montre étant fufceptible d'avance ou de retard , felon que la force de fon grand reffort eft plus ou moins grande , (Voyez *page* 17 & 19), on a adapté la *fufée* aux Montres , afin de corriger les inégalités du reffort. Mais il eft rare que les fufées foient affez bien faites pour rendre uniforme l'action du reffort fur le rouage ; car il arrive à plufieurs Montres , qu'elles avancent ou retardent pendant les douze premieres heures , après qu'on les a remontées , &

qu'elles retardent ou avancent pendant les douze heures fuivantes ; or en remontant fa Montre au bout de 24 heures, on la regle en conféquence ; ainfi l'avance des 12 premieres heures, eft compenfée par le retard des 12 dernieres ; au lieu que fi on la laiffe marcher plus de 24 heures, elle continuera à retarder ou à avancer ; mais ce retard n'étant pas compenfé, cela produira dans la Montre une variation, qui fera d'autant plus grande qu'on la remontera alternativement , tantôt au bout de 24 heures, de 23 , & enfuite de 28 , de 30 heures, &c.

14°, *Il faut tenir une Montre , le plus approchant poffible de la même pofition :* Lorfqu'on porte une Montre, elle eft à peu-près, comme fi elle étoit fufpendue par fon cordon. Ainfi , dès qu'on ne la porte plus , il faut la fufpendre à un clou ; avoir attention que la boîte pofe contre la cheminée , pour que la vibration du Balancier ne communique point fon mouvement à la Montre.

15°, *On doit tenir le plus qu'il eft poffible fa Montre à la même température.* Ainfi , en hyver, lorfque le foir on pofe fa Montre , il faut l'accrocher à un lieu chaud , à la cheminée par exemple : Article **VIII.**

16°, On doit placer fa Montre dans le gouffet , de maniere que le cryftal foit en dehors , afin que s'il recevoit un coup & qu'il vînt à caffer, il ne pût bleffer.

17°, On ne doit pas tourner les aiguilles d'une Montre à répétition , pendant que la piece fonne.

18°, Quand une Montre à répétition fonne trop vîte ou trop lentement, il eft facile de l'en corriger : c'eft à cet ufage qu'eft deftiné l'aiguille *EL*, (*Planche III*, *fig.* 1). En ouvrant fa Montre, on reconnoîtra aifément cette aiguille fituée auprès du coq. Lorfque la répétition fonne trop lentement, il faut tourner l'aiguille par fon quarré *E*, du côté de la lettre initiale *V*, qui veut dire *vîte* ; & quand la fonnerie va trop vîte, il faut tourner l'aiguille du côté de de la lettre initiale *L*, qui veut dire *lentement*.

19°, Un homme qui voyage, ne peut pas juger fi fa Montre eft réglée, à moins qu'il ne faffe attention à la différence du midi du lieu où il étoit d'abord, au midi, du lieu où il eft actuellement ; c'eft-à-dire à la longitude des lieux. Ainfi une perfonne qui partiroit de Paris, ayant mis fa Montre au Méridien, & qui iroit à Peterfbourg, trouveroit fa Montre en retard de 2 heures fur le Méridien de Peterfbourg, pourroit croire que fa Montre a varié ; tandis que ce ne font en effet que les Méridiens qui diffèrent, puifqu'il eft une heure 52 fecondes après midi à Peterfbourg, lorfqu'il n'eft que midi à Paris.

20°, Il faut faire nétoyer fa Montre tous les trois ans. Il eft plus effentiel, qu'on ne penfe de ne la confier qu'à un Horloger habile, fans quoi elle ne peut que dépérir.

21°, On ne doit pas faire tourner les aiguilles à fecondes des Montres. Lors donc qu'on veut mettre de telles Montres à la minute

nute & à la feconde, il faut arrêter le balancier au moyen de la détente, au moment que
l'aiguille de fecondes eft fur la 60ᵉ ; alors on
met les autres aiguilles à l'heure & minute ;
& au moment que le Soleil paffe au Méridien,
ou bien qu'il eft midi, ou l'heure jufte à la
Pendule, on retire la détente, & la Montre
part ; de cette forte on a l'heure très-exac-
tement, *page* 40.

Remarques fur la maniere de conduire les Pendules.

1°, P o u r faire avancer une Pendule,
il faut remonter la lentille au moyen de l'é-
crou qui eft deffous ; & pour la faire retarder, il faut defcendre la lentille, (Voy. *p.* 3 5).
Si c'eft une Pendule qui foit dans un cartel ,
& qu'on ne puiffe toucher à la lentille , on
trouvera dans le cadran un petit quarré d'a-
cier, qu'on fera tourner au moyen d'une clef
de Montre, de gauche à droite pour avancer,
& de droite à gauche pour retarder. Pour trouver la quantité dont il faut tourner l'écrou ou
le quarré qui paffe dans le cadran, on fe fervira
de la méthode indiquée, (*page* 3 6).

2°, On ne doit pas faire rétrograder les
aiguilles des Pendules à fonnerie plus d'une
demi-heure, encore faut-il le faire avec pré-
caution, fur-tout, lorfqu'on fent une forte
réfiftance caufée par les *détentes.* On ne
doit pas non plus reculer l'aiguille des minutes, lorfqu'elle eft fituée près de 28 minutes

ou 55 minutes; c'eft-à-dire, lorfque la fonnerie eft près de frapper ; car fi dans ce moment on tourne l'aiguille en *arriere* , la fonnerie *frappera* ; & lorfque l'aiguille reviendra
de nouveau au même point , & paffera à la
demie & à l'heure , la fonnerie frappera encore ; enforte que la fonnerie & les aiguilles
ne feront plus d'accord ; ainfi la Pendule
fonnera l'heure à la *demie*. Lorfque cela arrive , il faut tourner l'aiguille des minutes ,
jufqu'à ce qu'elle foit à deux minutes environ
de l'heure ou de la demie ; c'eft-à-dire, à la
28ᵉ ou 58ᵉ minutes du cadran ; alors on fera
rétrograder l'aiguille jufqu'à ce que la fonnerie frappe ; on ramenera enfuite l'aiguille
en avant, & la fonnerie frappera de nouveau ;
ainfi l'heure fonnera à l'heure , & la demie à
la demie ; il ne faudra plus que tourner les
aiguilles pour les mettre à l'heure & à la
minute.

3°, Lorfque la fonnerie d'une Pendule
n'eft plus d'accord avec les aiguilles , c'eft-à-
dire, quand elle frappe midi, & qu'il eft une
heure aux aiguilles; il faut tourner l'aiguille
des heures féparément de celle des minutes ,
& l'amener à l'heure de la fonnerie. On fera
enfuite tourner l'aiguille des minutes jufqu'à
ce que la Pendule foit à l'heure.

Pour pofer une Pendule, il faut avoir
attention de l'attacher bien folidement, & de
la placer bien droite , enforte qu'en mettant
la lentille en mouvement, les battemens que
fait l'échappement foient parfaitement égaux.

Pour cet effet , on calera avec des cartes ou avec du bois un des côtés des pieds de la boîte, jufqu'à ce qu'on entende que l'échappement fait des battements égaux : fi la boîte eft un *Cartel* , il fera facile de mettre la Pendule dans fon échappement ; il ne faut que conduire le bas du cartel de côté ou d'autre, jufqu'à ce qu'on entende l'échappement battre également ; alors on arrêtera le bas de la boîte avec un clou , pour que la Pendule ne puiffe pas fe déranger. Il faut avoir attention à ce que la lentille ne touche pas à la boîte , foit fur le fond , fur le devant ou fur les côtés , comme cela arrive quelquefois aux cartels qui font étroits par le bas ; dans ce cas , il faut ou écarter ou approcher du mur le bas du cartel , & le caler du haut ou du bas , felon que la lentille touche fur le fond ou fur le devant.

F I N.

Jours du mois.	JANVIER.			L'Équation change en 24 heures.
		Minutes.	Secondes	Secondes.
1	R.	3	59	29
2	R.	4	28	28
3	R.	4	56	27
4	R.	5	23	27
5	R.	5	50	27
6	R.	6	17	26
7	R.	6	43	26
8	R.	7	9	25
9	R.	7	34	25
10	R.	7	59	24
11	R.	8	23	23
12	R.	8	46	23
13	R.	9	9	22
14	R.	9	31	22
15	R.	9	53	21
16	R.	10	14	20
17	R.	10	34	19
18	R.	10	53	19
19	R.	11	12	18
20	R.	11	30	17
21	R.	11	47	17
22	R.	12	4	16
23	R.	12	20	15
24	R.	12	35	14
25	R.	12	49	13
26	R.	13	2	13
27	R.	13	15	11
28	R.	13	26	11
29	R.	13	37	10
30	R.	13	47	9
31	R.	13	56	9

Le Soleil retarde.

Jours du Mois.	FÉVRIER.			L'Équation change en 24 heures.
		Minutes.	Secondes	Secondes
1	R.	14	5	
2	R.	14	12	7
3	R.	14	19	7
4	R.	14	25	6
5	R.	14	30	5
6	R.	14	34	4
7	R.	14	38	4
8	R.	14	40	2
9	R.	14	42	2
10	R.	14	43	1
11	R.	14	44	1
12	R.	14	43	1
13	R.	14	42	1
14	R.	14	40	2
15	R.	14	37	3
16	R.	14	33	4
17	R.	14	29	4
18	R.	14	24	5
19	R.	14	19	5
20	R.	14	13	6
21	R.	14	6	7
22	R.	13	58	8
23	R.	13	50	8
24	R.	13	41	9
25	R.	13	32	9
26	R.	13	22	10
27	R.	13	11	11
28	R.	13	0	11
29	R.	12	48	11
				12
				12

Le Soleil retarde.

Jours du Mois.	MARS.			L'Équation change en 24 heures.
		Minutes.	Secondes	Secondes.
1	R.	12	36	13
2	R.	12	23	13
3	R.	12	10	14
4	R.	11	56	14
5	R.	11	42	14
6	R.	11	28	15
7	R.	11	13	15
8	R.	10	58	16
9	R.	10	42	16
10	R.	10	26	16
11	R.	10	10	17
12	R.	9	53	17
13	R.	9	36	17
14	R.	9	19	17
15	R.	9	2	18
16	R.	8	44	18
17	R.	8	26	18
18	R.	8	8	18
19	R.	7	50	18
20	R.	7	32	18
21	R.	7	14	18
22	R.	6	55	19
23	R.	6	36	19
24	R.	6	17	19
25	R.	5	58	19
26	R.	5	40	18
27	R.	5	21	19
28	R.	5	2	19
29	R.	4	44	18
30	R.	4	25	19
31	R.	4	6	18

Le Soleil retarde.

Jours du Mois.	AVRIL.			L'Équation change en 24 heures.
		Minutes.	Secondes	Secondes.
1	R.	3	48	18
2	R.	3	30	19
3	R.	3	11	18
4	R.	2	53	18
5	R.	2	35	18
6	R.	2	17	18
7	R.	2	0	17
8	R.	1	43	17
9	R.	1	26	17
10	R.	1	9	17
11	R.	0	53	16
12	R.	0	37	16
13	R.	0	21	16
14	R.	0	6	16
15	Avance	0	9	15
16	A.	0	24	15
17	A.	0	39	15
18	A.	0	53	14
19	A.	1	6	13
20	A.	1	19	13
21	A.	1	32	13
22	A.	1	44	12
23	A.	1	56	12
24	A.	2	8	12
25	A.	2	19	11
26	A.	2	29	10
27	A.	2	39	10
28	A.	2	48	9
29	A.	2	57	9
30	A.	3	5	8

Le Soleil retarde.

Jours du Mois.	MAI.			L'Équation change en 24 heures.
	Minutes.		Secondes	Secondes.
1	A.	3	13	
2	A.	3	20	7
3	A.	3	27	7
4	A.	3	33	6
5	A.	3	39	6
6	A.	3	44	5
7	A.	3	48	4
8	A.	3	52	4
9	A.	3	56	4
10	A.	3	59	3
11	A.	4	1	2
12	A.	4	2	1
13	A.	4	3	1
14	A.	4	4	1
15	A.	4	4	0
16	A.	4	3	1
17	A.	4	2	1
18	A.	4	0	2
19	A.	3	58	2
20	A.	3	55	3
21	A.	3	51	4
22	A.	3	47	4
23	A.	3	43	4
24	A.	3	38	5
25	A.	3	32	6
26	A.	3	26	6
27	A.	3	19	7
28	A.	3	12	7
29	A.	3	5	7
30	A.	2	57	8
31	A.	2	49	8
				9

Le Soleil avance.

TABLE

Jours du Mois.	JUIN.			L'Équation change en 24 heures.
		Minutes.	Secondes	Secondes.
1	A.	2	40	
2	A.	2	31	9
3	A.	2	21	10
4	A.	2	11	10
5	A.	2	1	10
6	A.	1	51	10
7	A.	1	40	11
8	A.	1	29	11
9	A.	1	18	11
10	A.	1	6	12
11	A.	0	54	12
12	A.	0	42	12
13	A.	0	30	12
14	A.	0	18	12
15	A.	0	5	13
16	Retarde	0	8	13
17	R.	0	21	13
18	R.	0	34	13
19	R.	0	47	13
20	R.	1	0	13
21	R.	1	13	13
22	R.	1	26	13
23	R.	1	39	13
24	R.	1	52	13
25	R.	2	5	12
26	R.	2	17	12
27	R.	2	29	12
28	R.	2	41	12
29	R.	2	53	12
30	R.	3	5	12
				11

Le Soleil avance.

Jours du Mois.	JUILLET.			L'Équation change en 24 heures.
		Minutes.	Secondes	Secondes.
1	R.	3	16	11
2	R.	3	27	11
3	R.	3	38	11
4	R.	3	49	11
5	R.	4	0	10
6	R.	4	10	9
7	R.	4	19	9
8	R.	4	28	9
9	R.	4	37	9
10	R.	4	46	8
11	R.	4	54	8
12	R.	5	2	7
13	R.	5	9	7
14	R.	5	16	6
15	R.	5	22	6
16	R.	5	28	5
17	R.	5	33	5
18	R.	5	38	5
19	R.	5	42	4
20	R.	5	46	4
21	R.	5	49	3
22	R.	5	51	2
23	R.	5	53	2
24	R.	5	55	2
25	R.	5	56	1
26	R.	5	56	0
27	R.	5	55	1
28	R.	5	54	1
29	R.	5	53	2
30	R.	5	51	3
31	R.	5	48	4

Le Soleil retarde.

Jours du Mois.	AOUST.			L'Équation change en 24 heures.
		Minutes.	Secondes	Secondes.
1	R.	5	44	4
2	R.	5	40	4
3	R.	5	36	5
4	R.	5	31	6
5	R.	5	25	6
6	R.	5	19	7
7	R.	5	12	7
8	R.	5	5	8
9	R.	4	57	9
10	R.	4	48	9
11	R.	4	39	10
12	R.	4	29	10
13	R.	4	19	11
14	R.	4	8	12
15	R.	3	56	12
16	R.	3	44	12
17	R.	3	32	13
18	R.	3	19	13
19	R.	3	6	14
20	R.	2	52	14
21	R.	2	38	15
22	R.	2	23	15
23	R.	2	8	16
24	R.	1	52	16
25	R.	1	36	17
26	R.	1	19	17
27	R.	1	2	17
28	R.	0	45	17
29	R.	0	28	18
30	R.	0	10	18
31	R.	0	8	19

Le Soleil retarde.

Avance

Jours du Mois.	SEPTEMBRE			L'Équation change en 24 heures.
		Minutes.	Secondes	Secondes.
1	A.	0	27	
2	A.	0	46	19
3	A.	1	5	19
4	A.	1	24	19
5	A.	1	43	19
6	A.	2	3	20
7	A.	2	23	20
8	A.	2	43	20
9	A.	3	3	20
10	A.	3	23	20
11	A,	3	44	21
12	A.	4	5	21
13	A.	4	26	21
14	A.	4	47	21
15	A.	5	8	21
16	A.	5	29	21
17	A.	5	49	20
18	A.	6	10	21
19	A.	6	31	21
20	A.	6	52	21
21	A.	7	13	21
22	A.	7	34	21
23	A.	7	54	20
24	A.	8	14	20
25	A.	8	34	20
26	A.	8	54	20
27	A.	9	14	20
28	A.	9	34	20
29	A.	9	53	19
30	A.	10	12	19
				19

Le Soleil avance.

Jours du Mois.	OCTOBRE.	Minutes.	Secondes	L'Equation change en 24 heures. Secondes.
1	A.	10	31	18
2	A.	10	49	18
3	A.	11	7	18
4	A.	11	25	18
5	A.	11	43	17
6	A.	12	0	17
7	A.	12	17	16
8	A.	12	33	15
9	A.	12	48	15
10	A.	13	3	15
11	A.	13	18	15
12	A.	13	33	14
13	A.	13	47	13
14	A.	14	0	13
15	A.	14	13	12
16	A.	14	25	11
17	A.	14	36	11
18	A.	14	47	10
19	A.	14	57	10
20	A.	15	7	9
21	A.	15	16	9
22	A.	15	25	8
23	A.	15	33	7
24	A.	15	40	6
25	A.	15	46	5
26	A.	15	51	5
27	A.	15	56	5
28	A.	16	1	4
29	A.	16	5	2
30	A.	16	7	2
31	A.	16	9	0

Le Soleil avance.

Jours du Mois.	NOVEMBRE.	Minutes.	Secondes
1	A.	16	9
2	A.	16	9
3	A.	16	8
4	A.	16	7
5	A.	16	5
6	A.	16	2
7	A.	15	58
8	A.	15	53
9	A.	15	47
10	A.	15	40
11	A.	15	33
12	A.	15	25
13	A.	15	16
14	A.	15	6
15	A.	14	56
16	A.	14	44
17	A.	14	32
18	A.	14	19
19	A.	14	5
20	A.	13	50
21	A.	13	34
22	A.	13	17
23	A.	13	0
24	A.	12	42
25	A.	12	23
26	A.	12	4
27	A.	11	44
28	A.	11	23
29	A.	11	2
30	A.	10	40

Le Soleil avance.

L'Équation change en 24 heures. Secondes.

Secondes.
0
1
1
2
3
4
5
6
7
8
9
10
10
12
12
13
14
15
16
17
17
18
19
19
20
21
21
22
23

Jours du Mois.	DÉCEMBRE.			L'Équation change en 24 heures.
		Minutes.	Secondes	Secondes.
1	A.	10	17	
2	A.	9	53	24
3	A.	9	29	24
4	A.	9	4	25
5	A.	8	39	25
6	A.	8	13	26
7	A.	7	47	26
8	A.	7	20	27
9	A.	6	53	27
10	A.	6	25	28
11	A.	5	57	28
12	A.	5	29	28
13	A.	5	0	29
14	A.	4	31	29
15	A.	4	2	29
16	A.	3	33	29
17	A.	3	4	29
18	A.	2	34	30
19	A.	2	4	30
20	A.	1	34	30
21	A.	1	4	30
22	A.	0	34	30
23	A.	0	4	30
24	Retarde	0	26	30
25	R.	0	56	30
26	R.	1	26	30
27	R.	1	56	30
28	R.	2	25	29
29	R.	2	54	29
30	R.	3	23	29
31	R.	3	52	29
				29

Le Soleil avance.

TABLE

QUI marque les hauteurs que doivent avoir les Styles, pour des longueurs données de lignes Méridiennes.

Longueur de la ligne Méridienne.		Hauteur du Style.		
Pieds.	Pouces.	Pieds.	Pouces.	Lignes.
0	6	0	1	10
0	10	0	3	2
1	0	0	3	9
1	3	0	4	9
1	6	0	5	8
2	0	0	7	7
2	3	0	8	6
2	6	0	9	6
3	0	0	11	5
3	6	1	1	3
4	0	1	3	3
5	0	1	7	1
6	0	1	10	11
7	0	2	2	9
8	0	2	6	7
9	0	2	10	5
10	0	3	2	3
12	0	3	9	10
14	0	4	5	7
15	0	4	9	5
17	0	5	5	1
20	0	6	4	7
24	0	7	7	9
30	0	9	6	10

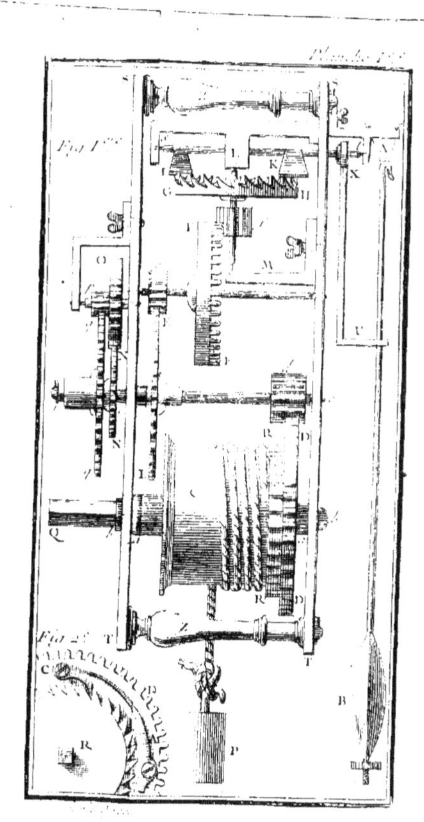

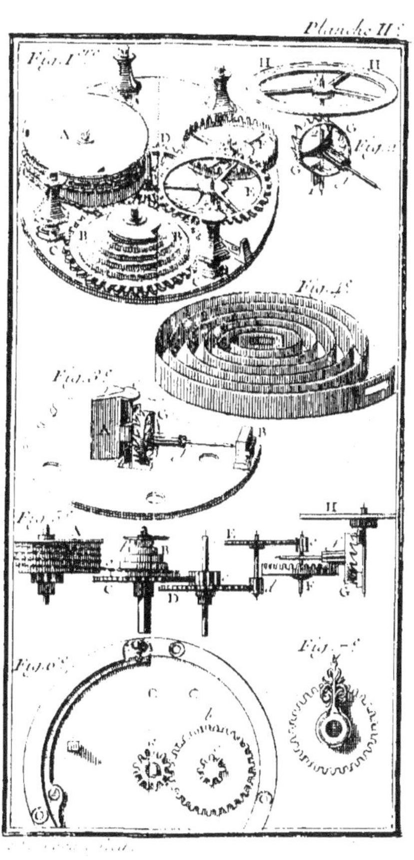
Planche II.

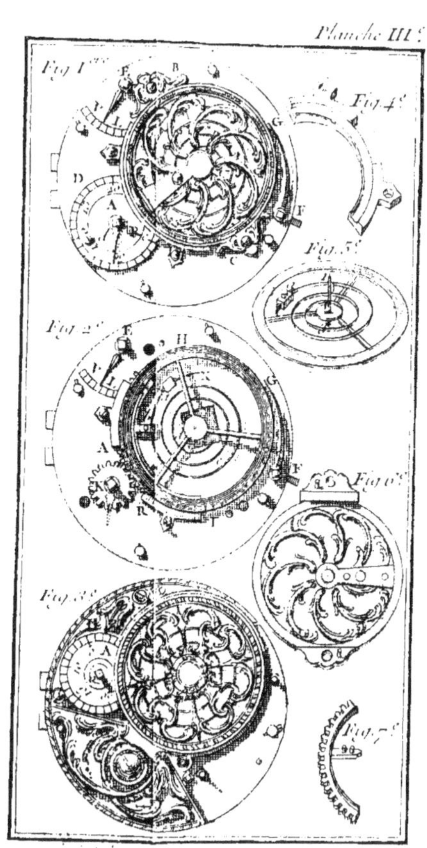
Planche III.
Fig. 1
Fig. 2
Fig. 3
Fig. 4
Fig. 5
Fig. 6
Fig. 7

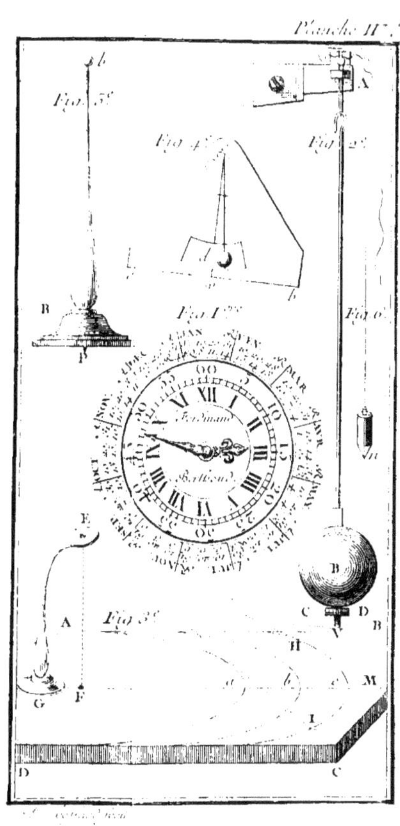
Fig. 5.e
Fig. 4.e
Fig. 2.e
Fig. 1.re
Fig. 6.e
Fig. 3.e
Ferdinand
Berthoud